教育哲理：質疑與思辨

謝念慈　著

五南圖書出版公司　印行

推薦序

　　作者在中學現場服務 30 年，歷經過教師、組長、主任與校長等職務，後來受聘於銘傳大學教育研究所任教，開授「教育史哲學」等課程。近 8 年來，對於教育研究所在職專班研究生的背景與需求具有深入了解；同時亦對教育史哲等相關議題多所著墨。針對教育研究所在職專班研究生的「教育史哲學」教學心得，作者認為宜以實踐教育哲學為主，質疑與思辨為核心，以孕育教育哲學素養。

　　作者做了最深刻的反思，深信教育研究所碩士在職專班的「教育史哲學」教育的目的並非培養哲學專才，不以理論知識建構，而採經驗實踐建構。讓在職研究生可以整合過去所學的知識以及目前學校職場的實務做檢視，培養質疑與思辨能力。因此，作者將這些年來的教學體驗、反思與實踐，彙整《教育哲理：質疑與思辨》一書，採主題段落式的呈現，活絡質疑與思辨能力，主要目的是讓「教育研究所碩士在職專班」的研究生能提升「思辨能力」與「哲理素養」。

　　本書的內容分為教育哲理學校篇與教育哲理日常篇，共分成十三章。第一章 寫在「教育哲理」之前；第二章 俄烏戰爭再反思「存在主義」；第三章 教育哲理二、三事；第四章 生命哲學：史蒂夫・賈伯斯 2005 年史丹佛大學畢業典禮演講；第五章 倫理學：邁可・桑德爾教授的「正義」課；第六章 易經智慧與教育哲學；第七章 教學；第八章 古希臘三大哲人；第九章 死亡：西藏生死書；第十章 關於知識論「理性主義」與「經驗主義」的觀點立場；第十一章 意識；第十二章 人與人在特有領域的一些概念；第十三章 關於教育哲理，其實還想說的是。每章提出概念後，著重於學校教育、家庭教育、生活教育與生命教育的

質疑與思辨，並撰寫成哲普型專書，讓在職專班的研究生輕鬆享受學習哲學的饗宴，且對教育人員亦有實用參考價值。

臺北市立大學教育行政與評鑑研究所名譽教授

吳清山

2023 年 4 月

推薦序

活學活用的教育哲理

　　教育哲學既不好學更不易教，卻屬教育系所必修課程，且列為教師檢定考科之一，讓不少師生感到無奈。面對此情此景，有多年任教此課經驗的謝念慈教授，決定將他的授課講義正式出版以公諸於世，無疑對有需要的讀者是一大福音。《教育哲理：質疑與思辨》跟坊間的同類型教材，尤其是應試參考書，可謂大異其趣。行文信手拈來，令人耳目一新，得以收到潛移默化的事半功倍效果。作者強調實用的教育哲理有別於抽象的教育哲學，正好呼應了教育哲理的應用哲學屬性。謝教授學數學出身，數學有純數學與應用數學之分，各司其職；如今哲學也有同樣分別，相信就不會讓世人望而卻步了。

　　說本書信手拈來是反映它的非結構性，亦即不時以生活化課題引人入勝，例如俄烏戰爭、失智症等。美國教育大師杜威曾謂「教育即生活」，他的中國弟子陶行知更主張「生活即教育」；如今課表上的教哲課若要活學活用，儘量避免玄之又玄的議論，方能令現職及未來教師充分受惠。本書副題為「質疑與思辨」，其實正體現出生活哲理或應用哲學的方法與作用：以思辨為邏輯推理、以質疑為批判實踐，這些都是教師學以致用的基本訓練。本書分學校篇與日常篇，十三章內容面面俱顧，連死亡議題都在其中。而占有過半篇幅的第十二章主要探討「人」，當可視為「人本教育」的落實，希望同學們用心把握。

　　是為序。

鈕則誠

2023 年 3 月

推薦序

這是一本教育工作者所期待的心靈饗宴，也是研學教哲的重要書典

和本書作者結緣於民國 85 年 7 月，成淵國中第三度改制為高中，作者是第一批精選進來的高中教師，85 年擔任級導，86 年聘請擔任教務主任，職掌全校教務工作，晚上隨班伴讀，看著他遴選派任高中校長，從學士、碩士到博士，展開了他一生傳奇的教育生涯。

本書作者應聘擔任銘傳大學教職，擔任教育研究所在職專班，教授教育哲學課程，有鑒於哲學這門學問，一直是修習者的夢魘，望而生畏，而教哲是從事教育工作者應有的基本素養，因此作者做了深刻的探索、反思：40 年前大學修習教哲時的回顧；擔任高中教師、級導、教務主任、校長時的學行體驗；從學士、碩士到博士的心路歷程。因此，在教授教育在職專班時：期初聽取每位碩士生在大學時修習教哲的心得；期末繳交一篇修習教哲的報告；加上古今中外大哲的智慧、自己的思學獨見，融合為教學的要點。經過實授檢驗，研究生反應熱烈，因此，《教育哲理：質疑與思辨》專書應運而生。

全書分上、下兩篇共十三章，以孕育哲學素養為宗旨；以質疑與思辨為全書的核心；以主題段落式呈現，活絡質疑與思辨能力，培養具有批判性、獨立自主的思考能力。

要研讀本書，建議先看作者自序，然後逐章詳研；對書中引用之中西古今大哲的智慧、至理名言，以及儒、釋、道、耶的心法、心要，作者獨具慧眼卓見，加以深入探本尋源；在課堂中聽取教授的點燈、引入、提點；在念念有慈的啟引中，同修分享心得，相互激盪、質疑、思辨，激起生命的浪花，啟迪深層的靈智。教授傳道、授業、解惑、統整、總結；學員學行並進，悟、覺、修、行。在質疑與思辨中，提升了

哲學素養，也圓滿了生命中的光與熱。

　　期待這本哲普型專書《教育哲理：質疑與思辨》，早日付梓問世，圓滿了修習教哲的期待，也圓滿了作者的心願。

臺北市立成淵高中退休校長

陳世昌

2023 年 4 月

推薦序

教育哲學論著的創新呈現

　　好友謝念慈教授出版《教育哲理：質疑與思辨》一書，囑咐筆者撰寫序文。利用清明連續假期仔細拜讀，謹以閱讀心得報告的角度分享讀者，並向念慈表達敬佩之意。

　　本書以「教育哲理：質疑與思辨」取代「教育哲學」作為本書書名，個人不僅認同更讚賞不已。其理由如下：

(一) 符合我國高等教育的發展趨勢：在廣設大學、研究所的政策下，研究生的學術基礎已不同於過往，但有多少教授依然在象牙塔中孤芳自賞？又有多少教授能走回地面，「以學生為中心」，調整其授課內容與教學方法？念慈能明快地以本書的內容與教學方法做出改變，貼近學生的學習認知型態，不只是學生之福，也展現出教學者的專業思考。

(二) 跳脫複製教師價值的窠臼：就大學教授本身的學術訓練而言，具有質疑與思辨的能力是毫無疑問的。可惜學者質疑的對象往往指向他人，而殊少質疑或批判自己。本書的附標為質疑與思辨，念慈率先將質疑的對象，指向自己修習的「教育哲學」及任教的「教育史哲學研究」，確認了課程目標不在培育「哲學家」，而在培養學習者的基本哲學素養，並活用於生活、職場與生命歷程。跳脫以自己的價值複製給學生，更在「念念有慈」的行文中，不斷提醒學生善用思辨方法，以個人經驗、聆聽他人意見，從本質上重新詮釋，揉合吸納成為自己的觀點。

(三) 能以跨領域的素材進行科際整合：全書分為上下兩篇，在學校篇取材的範圍涵蓋了重要哲學家，探討了倫理學、知識論及生命哲學，並引用了探討宇宙觀的《易經》和討論死亡的《西藏生死書》，當

然也對教學再次進行反思與檢視。日常篇更包括了靈魂、生死、尊嚴、宇宙、社會、知識、眞理、思想、價値、幸福……等主題。因爲取材寬廣能吸引讀者的興趣，也顯示作者的博學多聞，更提供了跨域思考、科際整合的可能。

念慈和我有類似的學術背景和任教經歷，我們都在大學主修數學，之後接受教育研究所的學術訓練。長期在高中服務，除擔任數學教師，都擔任過高中校長。使我們有機會在眞實的教育現場，運用教育哲學的內涵，爲學校領導和校務經營定位。念慈在取得博士學位後，毅然決定往學術研究方向發展，我則在兩所大學的教育學院擔任兼課講師，常就教育的理論與實務和他對話討論，深感獲益良多。

此次能先睹爲快研讀念慈大作，赫然發現：他既擁有數學嚴謹的邏輯訓練，又能博覽群書融會貫通；其筆調流暢卻帶有幾分浪漫情懷，令我不只佩服尤感驚豔。念慈謙稱：「本書撰寫的方式或許不夠系統化，內容可能不夠學術化，但是它卻是經過筆者這幾年教學實踐，並經由研究生學習檢視過的教材。」我卻認爲這是撰寫方式的範式轉移（paradigm shift），期待本書出版時，其撰寫方式的系統化、內容呈現的學術化，可以成爲諸多教育學術書籍範式轉移的參照。

臺北市立大直高中退休校長
臺北市政府教育局聘任督學

2023 年 4 月

自序

　　本書的主要目的是讓「教育研究所碩士在職專班」的研究生或「初次探索教育哲學」的讀者提升「思辨能力」與「哲理素養」。書名若採用「教育哲學」一詞，會帶給讀者一種很深奧學術的認知與學習遙遠的距離感，更甚者，讀者可能會採取應付與逃避的心態。作者以「教育哲理：質疑與思辨」取代「教育哲學」為本書書名，以孕育哲學素養為宗旨，質疑與思辨為全書核心。因此，編寫的方式，採非結構式、系統化的編撰，以主題段落式的呈現，活絡質疑與思辨能力。

　　「教育史哲學研究」是教育研究所必修的科目，自有其重要性與必要性，研究生無法掙脫此一事實，必須選課修讀，但是學習成效始終存在著問號？甚至產生「學習困擾症候群」。作者回顧 40 年前在大學修習「教育哲學」時也有類似問題，教授該科目教授哲學學術豐厚，把我們學生都視為「哲學系」學生的專業需求教學，學習成效可想而知，那個年代，得到教育哲學學分卻無教育哲學素養。因緣際會，這些年在銘傳大學教育研究所在職專班教授該課目，總是在學期初先試探性的問問研究生大學時代修習過「教育哲學」的心得，也在期末請研究生繳交一篇「教育史哲學習心得報告」，統整發現學生反應幾乎都是感受到是一場夢魘，只因為必修不得不修讀？對教育學程的學生而言，也只是被動地為了教檢考試而已。試問如此的學習態度，教育哲學存在的意義何在？似乎是一門無聲的音樂課。

　　作者做了最深刻的反思，教育研究所碩士在職專班（含碩士班）的教育史哲學的教育目的並非培養哲學專才，而是孕育研究生能使用哲學這種知識模型，培養批判性的思考能力，不以知識建構，而採經驗建構的工具性導向。讓哲學成為人人有感、人人有需的生活、職場與生命的小幫手，才能發揮哲學的光與熱，使學習者可以整合過去所學的知識以及目前職場的實務，培養具批判性、獨立自主的思考能力。

本書的內容題材，經過這幾年來課堂的教學實踐或教學實驗，受研究生高度肯定與鼓勵。因此作者有勇氣決定寫成哲普型專書，除了讓哲學教與學更圓滿，也是對自己學思歷程的一個交代吧！

　　最後，感謝古今中外的大哲人與哲學家的哲學智慧、恩師的教誨、昔日的銘傳大學教育研究所碩士生的共學，與中國文學與油畫家陳素惠老師的鼓勵與支持，這一切偶然使得完成拙著。

謝念慈 / 念念有慈
歲次壬寅年 立冬（2022 年 11 月 7 日）於洄瀾

目錄

下篇　教育哲理日常篇

上篇

教育哲理學校篇

第一章

寫在「教育哲理」之前

教育的主體是誰？學習的主體是誰？

探究「教育哲理」之前，想先與讀者談一些主題與撰文的想法，以及一些概念與詞彙的說明。

本書的主要目的是讓「教育研究所碩士在職專班」的研究生或「初次探索教育哲學」的讀者孕育、提升「思辨能力」與「哲理基本素養」。尤其是「思辨能力」，誠如十七世紀法國數學家、哲學家巴斯卡（Blaise Pascal, 2000）：「人不過就是一枝蘆葦，是大自然中最脆弱的，卻也是唯一會『思考』的蘆葦。如果你無法長生不死，也無法永遠堅強不敗，那就做一枝會『思考』的蘆葦吧！」看來具有「思考力」是人類與其他萬事萬物的最大差異，也是人類能成為不斷提升自我的原力，思考是為人的泉源。

壹　為什麼不是「教育哲學」而是「教育哲理」？

如果採用「教育哲學」難免令許多讀者望之生畏，且對讀者而言亦非實際需求。西方所有哲學系的課程設定，目的是培養具有哲學思考能力、邏輯思辨能力的人才，哲學系學的是哲學，不如說學的是哲理（王丹，2021）。學習對於哲學問題的討論，孕育思考能力。

綜上，即使是大學哲學系，仍以培養「哲學思考能力」、「邏輯思辨能力」以及「掌握專業知識的規則和方法」為重點。因此，作者做了最深刻的反思。若使用「教育哲學」一詞，會帶給讀者一種很深奧學術的認知與學習遙遠的距離感，更甚者，讀者可能會採取應付與逃避的心態。

再者，作者本身非哲學系所出身，但是近 40 餘年來的教學與中學校行政工作歷練與心智的轉變，對教育哲學頗感興趣，採自學探究與自我反思，先涉略科普的哲學書籍，如江先聲中譯，沙拉・貝克威爾（Sarah Bakewell）原著的《我們在存在主義咖啡館：那些關於自由、哲學家與存在主義的故事》，進而淺究大哲學家哲學學術巨作，

如劉大悲中譯，叔本華（Schopenhauer）原著的《意志與表象的世界》（*Die Welt als Wille und Vorstellung*）、鄧曉芒中譯，康德（Immanuel Kant）原著的《純粹理性批判》（*Kritik Der Reinen Vernunft*），洛陽紙貴，僅舉一隅聊表自學過程而已矣。雖然自我鞭策與努力，但是「教育哲學」之深奧，正如同《論語·子張》第十九，子貢所云：「夫子之牆數仞，不得其門而入，不見宗廟之美，百官之富，得其門者或寡矣。」教育哲學就如「夫子之牆數仞」，筆者仍充滿著諸多無知，因此在哲學前必須謙遜（humble）。

準此，筆者以「教育哲理」取代「教育哲學」爲本書主題，並撰文分享。

貳 聽我們學習「教育哲學」內心的呼喊？

「教育史哲學研究」是教育研究所必修的科目，自有其重要性與必要性，研究生無法掙脫此一事實，必須選課修讀，但是學習成效始終存在著問號？甚至產生「學習困擾症候群」。筆者回顧 40 年前在大學修習「教育哲學」時也有類似問題，教授該科目教授哲學學術豐厚，把我們學生都視爲「哲學系」學生的專業需求教學，學習成效可想而知，那個年代，得到教育哲學學分卻無教育哲學素養。

因緣際會，這些年在大學教育研究所在職專班教授該課目，總是在學期初先試探性的問問研究生大學時代修習過「教育哲學」的心得，也在期末請研究生繳交一篇「教育史哲學習心得報告」，臚列有關以往曾修讀該課程的心聲，摘錄幾則如下：

「……但在大學的修課經驗中，我實在無法進入教育哲學的脈絡，即使我認眞讀書，我還是抓不到它的精髓，因此在以申論題爲主軸的期末考中，得到了不漂亮的分數，此堂課學期

成績更以 56 分被當掉，結束我與教哲的愛恨情仇。我生命至今，唯獨被當掉的一科。這深深影響我對於教哲的害怕，敬而遠之。……（王○○）」

「……大學時，曾上了哲學課，那時，覺得：哇～好難懂，也很不想去懂，是一門很恐怖的課程，事後曾買了幾本書想去入門，且每次到書店，總是很想去挑戰，但總是看沒幾頁就昏昏欲睡，最後就被我束之高閣了。……（洪○○）

「……當初選擇教育哲學這門課，是因爲它是必修課，非修不可。但對於學習者的我來說，教育哲學給我的印象是晦澀、抽象和難懂的概念，而且對教育現場無太大用處。……（何○○）」

「……教育哲學一直讓我覺得是一門抽象的學問，探討哲學家的思想，這些思想有時又讓人覺得難懂，常想這些哲學家是在什麼情況下，爲什麼會想出這些大道理呢？其實以前的自己一直以來一直很排斥哲學這方面的課題，因爲怎麼讀都讀不懂這些哲學家的理念。……（張○○）」

可想像並感受到是一場夢魘，只因爲必修不得不修讀？另，對教育學程的學生而言，也只是被動地爲了教檢考試而已。試問如此的學習態度，教育哲學存在的意義何在？

參 做自己教學最深刻的反叛：「教育哲理」怎麼教？學什麼？

反叛一：筆者內心的吶喊與反叛：「『教育哲學』是一堂無聲的音樂課？」

教育改革，中、小學現場都已經強調著重「教會」比「教完」重要。「教育哲學」該「教會」什麼？而非僅是哲學教授彼此獨享的學問而已，必須成為平台，讓哲學成為人人有感、人人有需的生活、職場與生命的小幫手，才能發揮哲學的光與熱。

反叛二：「師資檢定考試、教師甄試、必修課等」拿掉後「教育哲學」還剩下什麼？

從作者過去學習經驗與研究生的心聲，我們試著想像一下：如果教檢不考？教甄不考？不是必修科目？「教育哲學」還有多少學生選讀？這是一個嚴肅的命題！

為了讓「有生命的在職研究生與自己」有意志的存活下去，須對自己內心做最深刻的反叛！2016 年 5 月，走在臺北中山捷運站地下街，見到一張照片，照片圖像與文字讓作者油然而生「教學勇氣」。攝影者在照片上寫著：「破，則立 遇見 心中的山 超越下一站，雲海飄來自由，自信越過山巔，出發，不需等待。」

教與學心中的山：課程定位為「教育哲理」，確定「怎麼教」？「學什麼」？

一、教育研究所碩士在職專班的教與學：

（一）思考方法：簡易邏輯思考與簡易批判性思考。

（二）實踐與實務的教育哲理（為什麼做？怎麼去做？適時帶入學校的教育、家庭的教育、生活教育與生命教育）。

（三）以日常生活與學校教育現場中常見的哲學概念作為課程題材。

（四）採用教育哲理咖啡館的概念、思考與討論教與學方法進行。

二、培養研究生獨立分析、問題解決的能力，當探討某問題或議題時，其實每位學習者都有自己的立場和觀點，但是這樣並沒有進入哲學層次。必須引領學習者更進一步的思辨這個問題或議題的本質，傾聽他人的觀點，再融入自身的看法，然後獲得這問題或議題嶄新的詮釋，這也是學習哲理思辨的目的。

三、教育哲理的目的，在於使學習者可以整合過去所學的知識以及目前職場的實務，培養具批判性、獨立自主的思考能力，而不是栽培學習者的哲學學術知識而已。換句話說，要培養學習者的基本哲學素養，讓學習者能將這門課學到的「思考模型」及哲學知識，活用於應對生活、職場與生命歷程的各種問題。

四、教育研究所碩士在職專班（含碩士班）的教育史哲學，不需要從哲學史觀點與理論開展。修研哲學時，當然要了解哲學家所屬學派及其思想背景，以及其概念的問題歷史背景。而改採取將哲學家的論述，從哲學史上的脈絡區分，這是由於教育研究所碩士在職專班（含碩士班）教育史哲學的教育目的並非培養哲學專才，而是孕育研究生能使用哲學這種知識模型，培養批判性的思考能力，不以知識建構，而採經驗建構的工具性導向。

五、教育史哲書籍文體較特殊，但其中也有比較容易理解的書籍。建議可以先選擇閱讀現代哲學學者所寫的有關古典哲學家的概念或主義，將有助學習者閱讀教育史哲的興趣與理解（作者稱為「咀嚼讀書法」）。如想理解德國哲學家胡塞爾（Edmund Gustav Albrecht Husserl）的現象學（phenomenology）的觀念，建議先不直接閱讀原著，可先選擇教育哲學學者翻譯國外的科普哲學。舉個例子，坊間書局有黃文宏中譯的胡塞爾《現象學的觀念》（原作者：Edmund Husserl），建議先選閱現代哲學學者所寫的有關胡塞爾

現象學的書籍，如李維倫翻譯《現象學十四講》（原作者：Robert Sokolowski），如此較能夠吸收理解胡塞爾的現象學有關原著的觀念。

肆　哲學家音譯中文的說明

本書探究哲學部分以歐洲哲學家爲主，美語與法語、德語等字母發音有顯著差異。因此，音譯中與歐洲國家語言音譯中文是有差異的。雖然此差異對於哲學的學習認識不會造成影響，但是既已就讀研究所碩士班，建議提升更高程度的行話用語常識爲宜。如沙特（法文：Sartre），應該譯爲「薩」或「撒爾特」，並無「沙」的發音；卡謬（法文：Camus），法文發音應譯爲「嘉密」或「戛密」。但是臺灣的書籍著作對於歐洲的人名的中譯，幾乎都是採用英音，爲求大眾周知，作者也採取英音譯中，「吾從眾」的政策，然而說眞的，在學術上，已是一預偏差，應該以本音爲譯（趙雅博，1992）。

念念有慈

本書撰寫的方式或許不夠系統化；內容可能不夠學術化，但是它卻是經過作者這幾年教學實踐，並經由研究生學習檢視過的教材。

參考文獻

Blaise Pascal（2000）。**人只是一枝會思考的蘆葦**〔吳達譯，第一版〕。人本自然。（原著出版年：1995）

Edmund Husserl（2017）。**現象學的觀念**〔黃文宏譯，第一版〕。清華大學。（原著出版年：1973）

Immanuel Kant（2004）。**純粹理性批判：康德三大批判之一**〔鄧曉芒譯，第一版〕。聯經。（原著出版年：1781）

Robert Sokolowski（2004）。**現象學十四講**〔李維倫譯，第一版〕。心靈工坊。（原著出版年：1999）

Sarah Bakewell（2017）。**我們在存在主義咖啡館：那些關於自由、哲學家與存在主義的故事**〔江先聲譯，第一版〕。商周出版。（原著出版年：2016）

Schopenhauer（2016）。**意志與表象的世界**〔劉大悲譯，第一版〕。志文出版社。（原著出版年：1818）

王丹（2021 年 8 月 1 日）。哲學系學什麼？**自由時報**。https://art.ltn.com.tw/article/paper/1464039

趙雅博（1992）。**認識沙特**。臺灣商務印書館。

第二章

俄烏戰爭再反思「存在主義」

存在主義哲學家沙特認爲人生的意義是「無用的熱情」，
是「荒謬」（absurd）！

祈願 1971 年美國電影《屋頂上的提琴手》（*Fiddler on the Roof*）原作者蕭勒姆·亞雷赫姆（Sholem Aleichem）這個名字的原意「願和平降臨你身上」早日實現在這個世界上。

●●●● 念念有慈

作家蕭勒姆·亞雷赫姆之名來自希伯來文 Shalom Aleichem，其原意是「願和平降臨你身上」（Peace be upon you）。

存在主義哲學家沙特認為人生的意義是「無用的熱情」，是「荒謬」（absurd）！作者始終難以想像與認同？但是 2022 年 2 月 24 日那天，作者能同理並理解沙特等哲學家的心情故事了。

壹 俄烏戰爭與第一次、第二次世界大戰

2022 年 2 月 24 日，俄羅斯以「非軍事化、去納粹化」為由全面入侵烏克蘭，衝突當日起正式白熱化為全面戰爭，並迅速發展為第二次世界大戰以來歐洲最大規模戰爭（維基百科，2022a）。戰爭至今雙方都有人員死傷，以及上百萬的烏克蘭人民顛沛流離，成為難民。作者撰文至此時，仍未停火，目前戰火仍持續中。

回顧第一次與第二次世界大戰：

1914 年 7 月 28 日至 1918 年 11 月 11 日，第一次世界大戰（World War I）爆發，主要戰場發生在歐洲，故常稱為「歐戰」。這場戰爭超過 1,600 萬人喪生（約 900 萬士兵和 700 萬平民），造成歐洲各國重創（維基百科，2022b）。

第二次世界大戰（World War II），是 1937 年 7 月 7 日至 1945 年 9 月 2 日（歷史各家看法不一，筆者採取以日本蘆溝橋侵華與日本參

與投降儀式正式投降爲起始點），這次戰爭是人類史上規模最大的戰爭，總死亡人數達 7,000 萬，是人類歷史上死傷人數最多的戰爭（維基百科，2022c）。

貳　生長於戰爭時代的沙特與卡謬

一、尙—保羅・沙特（Jean-Paul Charles Aymard Sartre, 1905-1980），法國哲學家。1943 年發表主要哲學著作《存在與虛無》（L'Être et le Néant），1964 年獲諾貝爾文學獎；他拒絕官方的榮譽，並表示「作家不應該讓自己變成一個機構」。9 歲逢第一次世界大戰，33 歲又遇第二次世界大戰。

二、阿爾貝・卡謬（Albert Camus, 1913-1960），生於法屬阿爾及利亞蒙多維城，法國哲學家。1942 年發表《異鄉人》（L'tranger）（又譯爲《局外人》），1957 年獲諾貝爾文學獎。出生第二年發生第一次世界大戰，26 歲時發生第二次世界大戰。

　　沙特與卡謬都是在第一次大戰與第二次大戰出生、成長的哲學家，他們已經積累了兩次大戰的切身痛苦經驗與難以抹滅的記憶。第一次大戰主要發生在歐洲，十九世紀末、二十世紀初的歐洲，正是空前美好的黃金歲月，「進步史觀」的信念鼎盛，相信一天會比一天漸入佳境，如臺灣昔日耳熟能詳的〈明天會更好〉歌詞所述。

　　但是戰爭的爆發，每天都有生命的殞落；離別都如最後一面。今天明明好好地在一起探討天文地理、藝術人文、科學工程……，明天可能就此天人永隔，永無相見。這些逝去的年輕人可能是未來優秀卓越的社會中堅、國家棟梁，甚至世界菁英。他們還在規劃未來的美好圖像，可是戰爭是無情的、無常的，他們沒有人能保證還有明天。這種「沒有明天的未來」，深深影響著沙特與卡謬的哲學形上觀：「懷疑眞有未來嗎？在戰爭的無常下，每天只能緊張、恐懼，想盡方法找尋人如何能在

不述及未來的前提下，仍能安心處理現實的今天或當下嗎？」

戰爭帶來生命傷亡的慘痛代價，無常卻又造成人心對於「習以爲常」的強烈懷疑。從深刻的無常感中看出去，由各種假設、藉口、自欺、隱瞞交織構成的「日常」，是最大的「荒謬」（楊照，2014）。

看看烏克蘭的基輔廣場旗海飄揚，一旗一個傷心家族；每天都有生命殞落，離別都如最後一面！人生眞的荒謬？

····念念有慈

1. 日本內閣總理大臣（首相）安倍晉三，2022 年 7 月 8 日在奈良市街頭演說時，遭到槍擊倒地，傷勢嚴重最終回天乏術，享壽67 歲。遺孀安倍昭惠說：「安倍用完早餐後，說了：『我出門了』。」沒料到就此天人永隔。你不覺得人生無常嗎？人生荒謬嗎？

2. 「人活著的每一天，都是實實在在的恩賜。」2021 年 6 月COVID-19 疫情時來臺灣的美國參議員譚美‧達克沃絲（Tammy Duckworth）如是說。

參 「荒謬的人」

提到「荒謬的人」（absurd/absurde）有光譜兩端的極端意義。從一般絕大多數人，姑且稱爲「普通」、「正常」的普羅大眾觀點，認爲「他們」在某事物與公眾的想法、常識與一般人有顯著的不同，幾乎無法理解，更無法認同「他們」的思維與生活觀，甚至容易歸類爲是不正常的？

　　另一方面，從所謂的「荒謬的人」觀點，是抱持著重視當下，而拒絕永恆的態度的人，他們看透了所謂「普通」、「正常」的這個世界，其實是非常「荒謬」的。因為他們如此的另類觀點，是出自於深藏在「普通」、「正常」底下的「荒謬」所致。

　　進一步理解「荒謬的人」，建議閱讀卡繆（Albert Camus）的著作《薛西弗斯的神話》（法語：*Le Mythe de Sisyphe*；英語：*The Myth of Sisyphus*）。但是卡繆的荒謬哲學所指的荒謬與日常通俗定義又絕然不同。卡繆的「荒謬」係指人生存在這個世界，試著努力探詢生命意義到底是什麼？得到的答案，卻是什麼也不是！換句話說，在這個世界上生命根本沒有任何理由存在，亦無任何意義可言，人處於這種虛無飄渺中，自然會有感此生只是一場虛空？黃粱一夢？怎麼不是「荒謬」呢？

　　簡言之，卡繆的「荒謬」有兩個意涵。其一，一般人所指的客觀的人生意義是不存在的；其二，繼上言所為是正確的之後，所產生出來的一種信念。

　　因此，卡繆針對荒謬，提出三種面對荒謬的態度：反抗（la révolte）、自由（la liberté）、熱情（la passion），其中最重要的是「反抗」（la révolte）。

💬 念念有慈

1. 這個世界看似流浪漢者，或許是一位「荒謬的人」呢？
2. 你認同沙特或卡繆的人生意義是荒謬的嗎？說說你的理由或人生經驗。

肆 「我思故我在」？「我反抗故我在」？

笛卡兒（René Descartes）的「我思故我在」，將「思」換做「懷疑」，更能理解其意涵（張明明，2015）。笛卡兒接受一切事物是否真實存在的質疑，但是他認為當下在「懷疑」的「我」是存在的。因而再透過演繹的方法論，推論這個世界萬事萬物的存在。

卡繆（Albert Camus）提出「我反抗故我在」（Je me révolte, donc nous sommes）。仔細想想：人什麼時候開始存在？或者說何時真正覺知、意識到自己存在？或許，人只有在「反抗」時，才真的最有感知自己是存在。更進一步說：只有真正地參透「我是誰？」才能體悟「我反抗故我在」。

●●●念念有慈

青春時期的孩子「頂嘴」，可否視為一種「反抗」？

關於「存在」，笛卡兒最終確認，我不能懷疑，當下懷疑的「我」這個事實，這是存在的起點。卡繆則認為未「反抗」之前，「存在」只是一種平凡／平庸（banality）的存在，直到你鼓起十足勇氣、義無反顧的說出「不」的時候，你才是真實的「存在」。

卡繆將「反抗」分成「形上的反抗」與「歷史的反抗」。反抗行為在形上的、超越具體物質條件之上，決定了人的存在理由。

反抗者面對強權或威權的反抗，從來不會先考量行動的成功與否才評估要不要反抗，而是基於尊嚴、公平、正義、人權、自由、環保……，才反抗！

我反抗，並不是想獲得權力的一把手，而只是想做一個忠於自己的人！以「自由」為例，反抗者不是因為自由所以要反抗，而是透過反

抗才能帶來眞正的自由；以「希望」爲例，反抗者不是由於希望才要反抗，而是透過反抗才能在絕望中帶來希望。

所謂形上的原則是不可以有具體物質條件上的交易、討價還價的行爲。在此形上的原則上，人才是眞實存在，這種「形上的反抗」是多樣態的，因爲是每個人在自我生命最底層的經歷所編織成的故事。

💬 念念有慈

「抵死不從」：拚死也不服從。表示態度堅決，沒有轉圜的餘地（國語辭典，2022）。可以稱得上是「形上的反抗」嗎？

有組織、目標的反抗行爲，就轉變成「歷史的反抗」，更簡單地說，就是「革命」，換一種說法是「形上的反抗」的墮落，它無助於「形上的反抗」的完成，反而會破壞「形上的反抗」。

爲什麼「歷史的反抗」會破壞「形上的反抗」呢？因爲「形上的反抗」在說「不」的瞬間，反抗者不知道之後會如何？又該如何？那份「反抗」是直覺的、單純的，出於反抗者自我形上的生命本質，是在事件當下人性的自然反應。

「形上的反抗」是個別當下的自我主張與自我維護，它沒有系統與組織。反抗者爲了讓「反抗」能得到效果，會將「反抗」組織化、系統化，也就生成「反抗」的歷史，於是「形上的反抗」就墮落爲「歷史的反抗」。

因此，卡謬認爲（Albert Camus, 2014）在荒謬經驗中，痛苦是個體的；一旦反抗，痛苦就演變成集體共同承擔。「我」反抗，故「我們」存在。幸福要靠反抗才能獲得；起身反抗不義，才能由奴隸變成自己的主人。

●●●● 念念有慈

1. 中國歷史上的「十次革命起義」，可以稱得上是「歷史的反抗」嗎？宋朝文天祥的〈正氣歌〉：「哲人日已遠，典型在夙昔。風簷展書讀，古道照顏色。」革命先驅林覺民先生的〈與妻訣別書〉、愛國巾幗秋瑾女士的遺言「秋風秋雨愁煞人」，就是反抗的典範。

2. 建議延伸閱讀卡謬 1951 年的《反抗者》（*L'Homme révolté*）與 1942 年的《異鄉人／局外人》（*L'Etranger*）。

3. 烏克蘭抵抗俄羅斯的戰爭，是一種「歷史的反抗」嗎？

伍 意識與意識流

什麼是「意識」？沙特的「意識」觀？

《心經》的「無眼界，乃至無意識界」，作者認為是最深奧的「意識」哲理，有興趣探究的讀者，可以延伸深入探究領悟。作者採一般常識性的釋義，係指人的神經反應，出生時意識就與生命同伴，是自我感受、存在感與對外界感受的綜合體現（維基百科，2022d）。簡言之，就是人對自身內部存在和外部存在的知覺或認識。

「意識」（consciousness）是存在主義哲學家沙特的哲學的起跑點。人思考的內容，來自於自身感受周遭有什麼？如「我感受到眼前這臺筆電」或「我感受到在我眼前三公尺處有個花瓶」，這是一切的起跑點。自身感受到筆電，並不必然證明那裡有筆電；反之，那裡有筆電，也不必然自身就一定能感受到。「筆電的實體」和「自身對筆電的感受」不是同一件事。自身能確定的不是筆電本身，而是自身對筆電的感受。同樣地，物理距離感「三公尺」是源自自己的感受，不是先於感受的事實。

如此層層分析到最後，「意識」是作為人之所以存在，自身與外在世界關係的底線。

💬念念有慈

失智症者、重大身心受創者（Schizophrenia），以及中文譯名由「精神分裂症」更名為「思覺失調症」（衛福部，2014），為什麼會讓我們對其「存在」產生一些想法？是因為當下沒有「意識」嗎？還是……？

沙特批判笛卡兒的「我思故我在」，認為不是一個存在的開端，而是推論。「我思」表示我已經意識到在思考這件事，源頭不是「我思」，而是我「意識」到自己在思考、懷疑的活動力，「意識」才是後面、根本的原點。

💬念念有慈

關於笛卡兒的「我思」與沙特的「意識」，你的看法？

「意識流」（stream of consciousness）原是西方心理學上的術語，最初見於美國心理學家威廉・詹姆斯（William James）的論文《論內省心理學所忽略的幾個問題》。他認為人類的意識活動是一種連續不斷的流程。意識並不是片段的銜接，而是流動的。這是「意識流」這一概念在心理學上第一次被正式提出（維基百科，2021）。「意識流」是揭開表層，趨近人心理實像的一種工具。若能超越外在表象，往心裡底層挖掘，我們就會發現，同樣的行為可能源自千千百百種不同的動機，類似的關係背後掩飾著千千百百種不同的緊張與扭曲，要捕捉混

亂、跳躍意識還沒有被整理之前的原貌。意識的原始狀態，是在時間中滔滔流淌，不會中斷，也不能中斷的。意識的原貌，絕對不是有著邏輯結構的塊狀、立體建築物。

我們很少、很難感覺到其中的差異，很自然地就用文字寫下的或聽到的取代了原本的實況。但是，現況從來就沒有那麼有條理有秩序，我們不自覺地將實況主觀地濃縮、簡化、賦予條理與秩序，過程中也就澈底遺漏、拋棄了實況，尤其是實況裡原本在你腦中千迴百折、跳躍混亂的「意識」。如寫日記是否都把一整天大大小小的事都鉅細靡遺地記錄下來？還是做了濃縮？簡化？賦予條理與秩序？更甚者變成雞同鴨講。

💬 念念有慈

記者採訪後刊登出來的新聞訪談，往往與你的表達有落差？

針對「意識」（consciousness）到「意識流」（stream of consciousness），作者舉個課堂的實際情境：

在某節課時，課堂裡的教師與學生處在相同的時間，不同的本分中，作為教師，必須專注於授課內容，讓教學有成效，但是教師的意識，卻被專心教學占據了，無法注意全體學生的各個面向，這節課，教師僅能以一種物理線性時間的方式進行教學，拼命的教學。學生雖然和教師在同一間教室，表面看來也和教師做同樣一件事，但學生的意識不可能跟教師專注的一樣，每個學生心中隨時閃動著自我學習意識的念頭。這不能責怪學生不專注學習，因為教師自身也無法掌握、控制自己的意識，課堂中事那裡時間錯雜的匯集，過去、現在與未來重疊互現，具體與抽象、現實與想像，無法分清楚地雜混在一起。簡單的說，課堂裡教師能專心一致的把教學內容如實的掌握，就已經非常不容易了，哪有時間能注意到、理解到每位學生的學習需求呢？

⋯⋯念念有慈

1. 仔細想想，我們一日中，有多少時間是真正專注於單一的事？又有多少時間自己的意識是發散亂奔的？是否，後者比前者多呢？
2. 教師理解師、生彼此間的「意識」與「意識流」，會影響教與學，輔導與管教，身為教師者，該如何提升這方面的教師專業呢？

陸 「我意識故我存在」、「存在先於本質」

一、「我意識故我存在」

談論「意識」，前提是有一個「被意識」的東西。「意識」是針對於外在意識的某個東西而發生的，如對流蘇花的意識、對杜鵑花的意識、對油桐花的意識⋯⋯。「意識」是個別針對一個個不同對象而興起生成的。對流蘇花的意識、對杜鵑花的意識、對油桐花的意識等之間，並沒有必然的關聯性，換句話說，眾多紛紜的「意識」無法靠「意識」本身，確定背後有個統一的「意識者」主體。

人的存在，在最根本的層次，是這些多樣、個別的「意識」，無窮多的「意識」，是我們跟外在的這個世界真正的連結；外在的這個世界以「意識」與我們個人產生關係。多樣、個別的「意識」是第一序的，再從這些「意識」中才生成第二序的假設：「應該會有、且應該要有一個接收這些多樣、個別的『意識』的『我』存在吧？」

有對象的「意識」是實在的，統合接收的這些多樣、個別的「意識」的主體「我」卻是假設、虛構的。

因此，沙特主張有兩個「現實」（雙重現實），一個是「意識」所構成的漫無章法的現實；另一個是經過統整出的秩序，將這秩序假設為「我」的另一個現實。

⌨ 念念有慈

不要錯失每一次擴大自己生命視野的機緣：

1. 柏拉圖（Plato）的洞穴（Cave）啟示：我們應該追求珍惜各種不同生命主張的機會與可能，擴張視野。「還有那麼多未曾見過的萬事萬物，怎能確定眼前的是最好的、最美的呢？」
2. 臺語歌曲〈阮若打開心內門窗〉，歌詞一段內容：「阮若打開心內的門，就會看見五彩的春光……阮若打開心內的窗，就會看見青春的美夢。」

沙特認為人的原初狀態，是一連串獨立、片格的意識，沒有意義、無法解讀的一團渾沌意識，這是人的原型，是真實的。人的存在（Being），是從整理這些意識開始，以虛無取代真實。「存在」的追求與建立，只能在扭曲、排除、否定原初真實意識的條件下進行。人必須將一團渾沌意識分類整理為至少兩部分：一部分是「自我」；另一部分是「外在世界」，進而發展「自我」與「外在世界」。如此，原本「自我」與「外在世界」混合不分的那種直接意識也就消失了。

原初真實中，沒有「主」、「客」之分。意識直接對應刺激，沒有條理、秩序、組織。神經元（neuron）在一天的時間中接受了一億五千八百萬個刺激，產生的反應意識，就是「我」的全部。但這樣的「我」是個鬆散的意識集合，沒有組織與結構，也就沒有對應外界「客體」的「主體」性質。另一面向，世界也是那一億五千八百萬個刺激的集合，也是沒有組織與結構，沒有對應「主體」的「客體」性質。

「自我」開始於區辨、組織這一億五千八百萬個刺激與反應。此時，同時區辨、建構了「外在世界」，這歷程是同時進行的。整合完成，就出現一個「主體」，這個世界則是「主體」領悟後的「客體」。

建構之前的意識原型，沙特稱為 "being-in-itself"；建構後的產物

稱為 "being-for-itself"。"being-for-itself" 以 "being-in-itself" 為材料，加工建構。也就是 "being-in-itself" 要被消化，化為虛無，"being-for-itself" 才會顯現出來。必須將 "being-in-itself" 化為 "nothing"，才能從 "nothingness" 中產生 "being-for-itself"。

二、「存在先於本質」

人先有作為人的經驗，而不是先準備好了「本質」，規定該做一個什麼樣的人。存在先於本質的「先」，不是時間概念的先後，而是本體意義上的先後。不是哪個先有，這個和那個相隔幾秒鐘或幾分鐘，不是這樣的分別。而是邏輯上，「存在」是基底、是原生的；「本質」只能是在基底本體上的一種衍生物。「存在」是第一序，「本質」是只能依附「存在」的第二序產物。

沙特認為只有人才是「存在先於本質」，其餘萬事萬物都是「本質先於存在」。如眼前的手機外型，是設計師在其腦中構思出來的，當還沒有設計出來時，沒有一個人知道長的什麼模樣？這就是「本質」；設計產出後，我們看到了那個手機外型，這就是「存在」。如果人也是「本質先於存在」，那人就是上帝捏出來的？不過存在主義哲學家對上帝，有著不同於信仰者的觀點與立場。

●●●念念有慈

建議延伸閱讀：

1. 法國哲學家尚－保羅・沙特（Jean-Paul Sartre）的《存在與虛無》
   （法語：*L'Être et le néant: Essai d'ontologie phénoménologique*）

2. 德國哲學家尼采的《上帝已死》（德語：*Gott ist tot*）。

柒 存在主義的萌芽

　　法國制式哲學教育只解釋為什麼所有的人會存在、所有的人如何面對其存在，卻不解釋作為獨立個體的「我」為什麼存在？如何面對獨立個體的「我」實際的存在？

　　沙特時代，在法國成績好的、會考試的，幾乎都以選讀哲學為第一志願。沙特當年考入「法國高等師範學院」的狀元，第二名是西蒙波娃（他的太太）。沙特是菁英，與其他菁英一樣，心底的基因多少存在著叛逆反抗，他當然也會時常批判當時的教育及其制度，也唯有菁英才能如此，因為是名校菁英，社會大眾有許多人羨慕，因而會理會，存在主義因而萌芽。如早期臺灣，建中吳祥輝的《拒絕聯考的小子》、臺大醫學系王尚義《野鴿子的黃昏》等就是一例。

　　沙特看到哲學對這個世界提出了各種「根本」解釋，但面對個人真正最「根本」的問題：「存在實存的問題」，如我為什麼活著？我如何感知這個世界？等，在傳統古典哲學內容卻幾無探究。

　　「存在主義」（Existentialism）針對「存在」的提出主要是對應大寫的 "Being"，"Being" 係指全體統稱的存在、抽象的存在，重視獨立個體及其差異。否定個別差異，等同在我們的社會中，以「本質」來否定真實人「存在」的事實。

●●●念念有慈

1. 「保持你的奇特，保持你的不一樣」（Stay weird, Stay different），
語出 2015 年奧斯卡最佳改編劇本《模仿遊戲》（*Imitation Game*）
得主 Graham Moore 上台時說的發人深省的一句話。

2. 理解「存在主義」，有助於教育現場重視個別差異的重要性。

捌 希臘式的悲劇

古希臘的悲劇並不是有什麼很倒楣的壞事發生在自己身上，如出門踩到狗屎、機車發動不了，而是指人與命運與神之間的關係。命運最大，神都無法抗拒命運的操控，人除了受命運左右之外，還要受神的操弄。人的生活與遭遇，有太多不是自己能夠決定與掌握的，這是希臘式悲劇的意涵。眞如平凡人常言：「時也？命也？非我之所能也。」看來一切都是命？

希臘人藉由「悲劇」要表達的，是人之所以爲人，就在於即使知道無法決定、無法掌握，還是要盡力去決定、去掌握自己的生命。即使知道反抗、拒絕一點也沒有用，卻總還是掙扎著不斷反抗、拒絕，如《論語・憲問》：「明知不可爲而爲之。」這是悲劇——不只是知其不可爲而爲之，還是爲之而不斷地被提醒「知其不可」。

我們每個人無時無刻，不被社會大眾檢視與批判；相對的我們每個人，也都無時無刻的扮演著獨斷與固執的批判者。我們一直在給自己、他人編織各式各樣的人生意義，但是到了最後，究竟是自己還是他人的人生意義，也分辨不出來？一切因來自於不明白「我是誰？」

理解這個世界，不宜放棄「本質」式的方法，但是更應該重視「事實／眞實」，只以「本質」作答，易偏離「事實」，甚至可能和「事實」一點也無關。如果僅以一個大家習慣、能接受的「本質」作答，就容易陷於大家就用那個「本質」概念來進行批判。

●●●● 念念有慈

我們擔任教師者，是否宜作為戒慎與警惕？觀學生宜「本質」與「事實」並行。

玖 《薛西弗斯的神話》啟示

卡繆的《薛西弗斯的神話》（*Le Mythe de Sisyphe*）認爲人類社會是荒謬的，就像希臘神話中的一位被懲罰的薛西弗斯（Sisyphe），必須將一塊巨石推上山頂，而每次到達山頂後巨石又滾回山下，他又再下山去推，如此永無止境地重複。檢視我們是不是每天都做重複的事，這種永無盡頭和又徒勞無功的任務？

念念有慈

教師到校教學，與《薛西弗斯的神話》有何差異？教師是學校的薛西弗斯？

參考文獻

Albert Camus（2009）。**異鄉人**〔張一喬譯，初版〕。麥田。（原著出版年：1942）

Albert Camus（2014）。**反抗者**〔嚴慧瑩譯，初版〕。大塊文化。（原著出版年：1951）

Albert Camus（2015）。**薛西弗斯的神話：卡繆的荒謬哲學**〔沈台訓譯，第一版〕。商周。（原著出版年：1942）

Jean-Paul Sartre（2012）。**存在與虛無**〔陳宣良、杜小眞譯，初版〕。左岸文化。（原著出版年：1943）

Friedrich Wilhelm Nietzsche（1968）。上帝之死〔劉崎譯，初版〕。志文。（原著出版年：2002）

李怡（2014）。**卡繆：轉身反抗不公不義，你才由奴隸變成自己**。經濟通。https://joycefairy.pixnet.net/blog/post/33703208

國語辭典（2022）。**抵死不從**。https://dictionary.chienwen.net/word/3b/f2/

e8c16d-%E6%8A%B5%E6%AD%BB%E4%B8%8D%E5%BE%9E.html

張明明（2015）。**歡樂哲學課**。天下文化。

陳蒼多（2022 年 4 月 18 日）。願和平降臨你身上。**自由時報**，B7 版。

楊照（2014）。**忠於自己靈魂的人：卡繆與《異鄉人》**。麥田。

維基百科（2021 年 12 月 24 日）。**意識流文學**。https://zh.wikipedia.org/zh-tw/%
E6%84%8F%E8%AF%86%E6%B5%81%E6%96%87%E5%AD%A6

維基百科（2022a）。**俄烏戰爭**。https://zh.wikipedia.org/wiki/%E4%BF%84%E4
%B9%8C%E6%88%98%E4%BA%89

維基百科（2022b）。**第一次世界大戰**。https://zh.m.wikipedia.org/zh-tw/%E7%A
C%AC%E4%B8%80%E6%AC%A1%E4%B8%96%E7%95%8C%E5%A4%A7
%E6%88%98

維基百科（2022c）。**第二次世界大戰**。https://zh.wikipedia.org/wiki/%E7%AC
%AC%E4%BA%8C%E6%AC%A1%E4%B8%96%E7%95%8C%E5%A4%A7
%E6%88%98

維基百科（2022d）。**意識**。https://zh.wikipedia.org/zh-tw/%E6%84%
8F%E8%AF%86

衛生福利部（2023）。**認識思覺失調症**。https://dep.mohw.gov.tw/domhaoh/cp-
428-1360-107.html

第三章

教育哲理二、三事

所有通向哲學之路的人都要經過一座橋，
這座橋的名字叫作伊曼紐爾·康德。
（戈洛索夫克爾）

所有通向哲學之路的人都要翻過一座山，
這座山的名字叫作尼采；
還要蹚過一條河，這條河的名字叫作維根斯坦。
（張明明，2015）

壹 哲學，有用乎？

哲學沒有用嗎？是許多人會問的問題，是大哉問！但是許多世界名人是修讀哲學的，如馬丁路德・金恩、翁山蘇姬、LinkedIn 共同創辦人霍夫（Hoffmann）、Flicker 共同創辦人巴特菲爾德（Butterfield）等。甚至美國許多大學醫學系的學生背景是學習哲學的大學生。

生活處處是哲學。如一朵好花開在高山，自生自滅，無人知曉，它算不算存在？哲學不是給標準答案，但每次思辨都會讓問題更清楚、更深刻，更了解「人」（沈珮君，2016）。

舉兩個例子：

以近來 COVID-19 疫情、Omicron 疫情等兩個具體議題來看，大陸採封城、清零的做法，一切為了不讓疫情擴大；美國重視人權，未強制處置，結果美國死亡人數破百萬，比參與一戰至越戰的總死亡人數多，到底該怎麼做？這些大哉問的生命、生活課題都是哲學。

臺灣大學「哲學系」111 學年度大學申請入學第二階段甄試書面資料準備指引小論文：此為申論題。**請針對「科學方法的可靠性是建立在人類的一般經驗之上」這個說法，說明你是否同意，並提供理由加以論證**（以 800 字為上限）。

●●● 念念有慈

1. 你認為學哲學有用嗎？學教育哲學有用嗎？如班級經營與教育哲學有關嗎？

2. 當我們討論某議題時，每個人都有自己的立場和觀點，這樣尚未進入哲學層次。我們必須更進一步的質疑與思辨這個議題的本質，融入自己的觀點，然後得到這個議題的嶄新詮釋，這是學習哲學的目的：質疑與思辨。

貳 法國的高中哲學課綱與考試

一、法國高中會考與哲學

1808 年拿破崙，哲學被法國列爲中等教育必修的課程，藉以培養「具有獨立批判能力」的法國公民，也成爲了大學入學的畢業會考（baccalauréat）的科目之一，在每年的 6 月份的會考中，安排於考試第一天的上午 4 小時（08:00-12:00）。高中會考（baccalauréat）試題，由高中教師命題。

高中生，不論是文組、經濟與社會組、自然科學組，在十二年級（哲學年）都須修讀哲學課程。爲了培養獨立分析、解決問題的能力，學生要學習哲學。會考哲學不及格，就與大學無緣了。因爲大學入學不再辦理入學考試，因此學生用高中會考成績申請大學。

高中會考分三類：其一爲普通高中會考（baccalauréat général），其二爲技術高中會考（baccalauréat technologique），其三爲職業高中會考（baccalauréat professionnel）（國家教育研究院，2000）。只有職業高中會考不考哲學測驗。

法國高中哲學課，文學組每週 8 小時；經濟、社會組每週 4 小時；科學組每週 3 小時。

二、認識法國哲學考試

哲學考科，20 分滿分。12 分以上良好（assez bien）；14 分以上是優秀（bien）；16 分以上非常優秀（tres bien）；不滿 12 分的不給評分。哲學考科平均分數 7 分，只表示無法理解題目或出題內容的成績而已。

哲學試卷共有三個考題，前兩題爲小論文（Dissertation），第三題稱爲文本說明。其中「文本說明」題材，一般是取自某本哲學經典名

著。從名著裡的一段約 10 行至 15 行的短文，請考生說明這短文討論的問題或概念。

三、以 2017 年哲學會考為例（Lang, 2017）

文學組考題：

1. 要認識事物，只靠觀察就足夠嗎？

2. 我有權利去做的事，是否都是正確的？

3. 盧梭《論人類不平等的起源與基礎》（*Discours sur I'origine et les fondements de I'inégalité*）（1755）中的選文說明。

經濟、社會組考題：

1. 能透過理性說明一切嗎？

2. 藝術作品一定是美的嗎？

3. 霍布斯《利維坦》（*Leviathan*）（1651）中的選文說明。

科學組考題：

1. 保衛自己的權利，就是保衛自己的利益嗎？

2. 人能否從自己的文化中獲得自由？

3. 傅柯《說與寫》（*Dits et écrits*）（1978）中的選文說明。

技術類考題：

1. 是否存在著對理性不當的使用？

2. 為了得到幸福，是否應當追求它？

3. 解釋涂爾幹（Emile Durkheim）《教育與社會學》（1922）中以下所節選段落。

四、2003 年法國教育部制定的哲學課綱

哲學教育的目的在於使學生可以整合所學知識，鍛鍊思考力，最終成為可獨立批判思考並採取行動的公民而做準備。共分成五個領域，領域中又分配數個概念（表 3-1 至表 3-3）。

表 3-1
五個領域與概念

文學類（Série L）	經濟與社會（Série ES）	科學類（Série S）
1.主體（Le sujet）	**1.主體（Le sujet）**	**1.主體（Le sujet）**
意識（La conscience）	意識（La conscience）	意識（La conscience）
知覺（La perception）	知覺（La perception）	知覺（La perception）
無意識（L'inconscient）	無意識（L'inconscient）	慾望（Le désir）
他人（Autrui）	慾望（Le désir）	
慾望（Le désir）		
存在與時間（L'existence et le temps）		
2.文化（la culture）	**2.文化（la culture）**	**2.文化（la culture）**
語言（Le langage）	語言（Le langage）	藝術（L'art）
藝術（L'art）	藝術（L'art）	工作與技術（Le travail et la technique）
工作與技術（Le travail et la technique）	工作與技術（Le travail et la technique）	宗教（La religion）
宗教（La religion）	宗教（La religion）	
歷史（L'histoire）	歷史（L'histoire）	
3.理性與實在（la raison et le réel）	**3.理性與實在（la raison et le réel）**	**3.理性與實在（la raison et le réel）**
理論與經驗（Théorie et expérience）	論證（La démonstration）	論證（La démonstration）
論證（La démonstration）	解釋（L'interprétation）	生物（Le vivant）
解釋（L'interprétation）	物質與精神（la matière et l'esprit）	物質與精神（la matière et l'esprit）

文學類（Série L）	經濟與社會（Série ES）	科學類（Série S）
生命（Le vivant）	真理（la vérité）	真理（la vérité）
物質與精神（la matière et l'esprit）		
真理（la vérité）		
4.政治（la politique）	**4.政治（la politique）**	**4.政治（la politique）**
社會（la société）	社會與交換（la société et les échanges）	社會與國家（la société et l'État）
正義與法律（La justice et le droit）	正義與法律（La justice et le droit）	正義與法律（La justice et le droit）
國家（l'État）	國家（l'État）	
5.道德（La morale）	**5.道德（La morale）**	**5.道德（La morale）**
自由（La liberté）	自由（La liberté）	自由（La liberté）
義務（Le devoir）	義務（Le devoir）	義務（Le devoir）
幸福（Le bonheur）	幸福（Le bonheur）	幸福（Le bonheur）

註：1.考試中可能會出現如「何謂自由」、「何謂真理」等題目。

2.統計分析 1996-2015 年以自由、藝術、真理為出現頻率前三名，第九是幸福。

表 3-2
1996-2015 年概念出題排行統計

排名	概念	出現次數
1	自由	252
2	藝術	245
3	真理	236
4	理性	132
5	道德	131

排名	概念	出現次數
6	歷史	121
7	技術	120
8	正義	111
9	幸福	105
10	語言	97

註：由出現排名統計，哲學課程與會考哲學的目的是要讓高中生可以透過處理哲學上的問題，回顧並檢視他們所學想法，並開始進入思索的境界。

表 3-3
課綱中的哲學家

古代中世紀（15 人）	現代（18 人）	當代（24 人）
PLATON（柏拉圖）	MACHIAVEL（馬基維利）	HEGEL（黑格爾）
ARISTOTE（亞里斯多德）	MONTAIGNE（蒙田）	SCHOPENHAUER（叔本華）
ÉPICURE（依比鳩魯）	BACON（培根）	TOCQUEVILLE（托克維爾）
LUCRECE（盧克萊修）	HOBBES（霍布斯）	COMTE（孔德）
SÉNÈQUE（塞內卡）	DESCARTES（笛卡兒）	Antoine Augustin COURNOT（古諾）
CICÉRON（西賽羅）	PASCAL（巴斯卡	MILL（米爾）
ÉPICTÈTE（愛比克泰德）	SPINOZA（史賓諾莎）	KIERKEGAARD（齊克果）
MARC AURELE（馬爾庫斯·奧列里烏斯）	LOCKE（洛克）	MARX（馬克斯）
SEXTUS EMPIRICUS（塞克斯都·恩披里克）	MALEBRANCHE（馬勒布郎士）	NIETZSCHE（尼采）

古代中世紀（15人）	現代（18人）	當代（24人）
PLOTIN（普羅丁）	LEIBNIZ（萊布尼茲）	FREUD（佛洛依德）
AUGUSTIN（奧古斯丁）	VICO（維柯）	DURKHEIM（涂爾幹）
AVERROÈS（阿維羅斯）	BERKELEY（柏克萊）	HUSSERL（胡塞爾）
ANSELME（安賽爾莫）	CONDILLAC（孔迪亞克）	BERGSON（柏格森）
THOMAS D'AQUIN（多瑪斯）	MONTESQUIEU（孟德斯鳩）	ALAIN（阿蘭）
OCKHAM（奧坎）	HUME（休謨）	RUSSELL（羅素）
	ROUSSEAU（盧梭）	BACHELARD（巴舍拉）
	DIDEROT（狄德羅）	HEIDEGGER（海德格）
	KANT（康德）	WITTGENSTEIN（維根斯坦）
		POPPER（波普）
		SARTRE（沙特）
		ARENDT（鄂蘭）
		MERLEAU-PONTY（梅洛龐迪）
		LÉVINAS（列維納斯）
		FOUCAULT（傅科）

註：以康德為例，不會要求學生讀完《純粹理性批判》（*Kritik der reinen Vernunft*），
　　會選擇相對易讀的《道德底形上學》（*Metaphysik der Sitten*）。

五、法國高中哲學課綱到底要給學生的學習目標是什麼？

　　高中的哲學課不以培養哲學家為目的，主要是訓練學生能使用哲學
這種知識，培養質疑、批判、自律的能力。因此，在高中會考的試題中

不會考哲學史的知識。

把哲學當作實用工具，透過學習哲學思考大哲學家們的觀點與立場，藉以在日常生活中、生命中所遭遇到的疑難雜症，能思索要如何去突破它，這就是法國高中哲學課綱的目的，哲學課的學習宗旨。

●●●念念有慈

我們「教育史哲」課程的學與教的取向應該為何？或許走咱們的路……才是幸福？

參 哲學素養的兩劑疫苗

一、世界上沒有標準答案；看到的不見得是真的、聽不見不表示沒有

因應 108 課綱，高中將開設以學生為主體的多元選修課，但沒有「標準答案」的課究竟該怎麼上，許多教師仍很茫然（馮靖惠，2018）。

從小到大，學校教育中每件事幾乎都充斥著標準答案，特別是考試，只給學生標準答案，學生的思考？學生的疑惑？學生的探究？學生的提問？學生的……，進而在人生旅程遇到「關卡」時，如何具備「素養」過關呢？在數學函數單元學習到對應的關係，函數的世界有著一對一的對應關係，也有著多對一的對應關係，或許這多對一的對應關係，可以幫我們理解世界上沒有標準答案。知識的世界裡，好像沒有標準答案；似乎（as）只有參考答案，或許僅能勉強稱為「暫時性」的標準答案吧？如十七世紀的許多理化知識，在二十世紀被推翻了。

•••念念有慈

這個世界，所有的問題都有「標準答案」嗎？如果沒有，我們在教學與評量又該如何面對？

魯迅（1881-1936）小說《故鄉》的名句「其實地上本沒有路，走的人多了，也變成了路。」西班牙詩人馬查多（Antonio Machado, 1875-1939）也說過同樣的話。「其實地上本沒有路，走的人多了，也變成了路。」是魯迅的原創嗎？（林一平，2022）

•••念念有慈

魯迅小說《故鄉》出版於 1921 年，馬查多的詩歌比魯迅小說早 10 年出版。你推論「其實地上本沒有路，走的人多了，也變成了路。」到底是誰先說的？

靜下心來再想一想這兩句話，您同意嗎？
第一句箴言：看到的不見得是真的、聽不見不表示沒有。
第二句箴言：這個世界沒有標準答案。

讓我們信手拈來幾則故事，看看是否真的如此？

（一）《快雪時晴帖》

《快雪時晴帖》為東晉書法家王羲之的墨寶，以行書寫成，是寫給好友張侯的信（便條）。位居「三希堂法帖」中「三希」之首。

正體字如下：

「羲之頓首，快雪時晴，佳想安善。未果爲結，力不次。王羲之頓首 山陰張侯」

白話語譯：

「王羲之拜上：剛才下了一陣雪，現在天又轉晴了，想必你那裡一切都好吧！那件事情沒能幫上忙，心裡糾結至今。世上很多事情就是這麼無奈。王羲之拜上，山陰張侯親啟。」

想一想：

相傳唐太宗（李世民）非常喜歡王羲之的行書，找人臨摹《快雪時晴帖》。

質疑：

如果《快雪時晴帖》與唐太宗一起葬於其昭陵？清朝乾隆收藏的《快雪時晴帖》是眞品抑或是臨摹？

三希堂是乾隆皇帝的書房，1746 年，乾隆收藏了王羲之的《快雪時晴帖》。

乾隆三希堂的《快雪時晴帖》爲眞？臨摹？

我們到臺北故宮眼前的《快雪時晴帖》爲眞？臨摹？

臺北故宮其他的文物是眞蹟？臨摹？贗品？

……？

（二）阿里山神木

林務局嘉義林管處委託調研阿里山 2300 年神木，眞實樹齡 626 年（楊媛婷，2022）。臺灣阿里山的諸神木，一直以來給我們的樹齡是兩千年以上，事實呢？

想一想：

昔日大家心中的神木諸樹，甚至與其合影留念，如今可要夢幻破滅了？因爲祂們年輕化了？

(三)〈綠島小夜曲〉

你相信〈綠島小夜曲〉是一首「把妹情歌」嗎？作曲家周藍萍逝世40年後，女兒出面揭密，〈綠島小夜曲〉其實無關政治，而是當年，在高中教書的爸爸，和媽媽發生師生戀，展開熱烈追求所寫下的情歌。

筆者近半百年來，一直以為〈綠島小夜曲〉是一首被關在綠島的犯人有關的歌曲，再加上1987年由周潤發等主演的香港監獄片〈監獄風雲〉，更讓筆者篤信就是這麼一回事，事實呢？

想一想：

近年〈綠島小夜曲〉作曲周藍萍先生逝世40年後，其女兒周揚明費時近2年訪問當年父親的中廣電台同事與好友查證，確認父親創作〈綠島小夜曲〉的原意 (陳亮諭，2013)。事實上是當年金甌女中教唱軍歌的周藍萍教師寫給妻子李慧倫的定情曲，歌名及歌詞中的「綠島」其實指的是「臺灣」(林宜靜，2018)。

以上所提，並非要製造危言聳聽，而是要大家在對任何眼前的人、事、物，或聽聞的人、事、物，我們是否該相信亦或是該先做質疑？胡適名言：「做學問要在不疑處有疑，待人要在有疑處不疑。」即使是科學的諸多認知，也在近世紀被推翻，如亞里斯多德認為地球是宇宙的中心，也被太陽才是宇宙的中心給取代了。

蘇格拉底的遺言：「未經檢視的人生不值得而活！」大哲人一生都告訴世人要「質疑」，「質疑」是哲學的本質素養。

二、我執？

既然「看到的不見得是真的、聽不見不表示沒有；這個世界沒有標準答案。」命題為真。面對任何萬事萬物又何須「執著」？

（一）《金剛經》第十「應無所住而生其心」

釋義：

住：執著自我中心／自我價值的判斷。

無所住：不在一個念頭或任何現象上產生執著。

生其心：以無私無我的智慧，處理一切事物。

（二）《金剛經》第三十二

一切有爲法，

如夢、幻、泡、影，

如露亦如電，

應作如是觀。

～鳩摩羅什

諸和合所爲，

如星、翳、燈、幻，

露、泡、夢、電、雲，

應作如是觀。

～玄奘（陳褘）

《金剛經》的大智慧：捨去「我執」！

肆 大哉問（Big Questions）

底下的問題都沒有提出答案，值得讀者好好思索，甚至一輩子思考。

一、你的「腦」誰在使用？

讀者一定會覺得，我們的腦當然是我們在用，這有何須思考的呢？其實不然，同樣教室內的一臺電腦，不同的師生使用，螢幕呈現的畫面內容不同，但是卻是同一部電腦。**我們的「腦」到底誰在使用？**

二、人腦開發不到 5%，談宇宙萬事萬物？

大多數或所有人只使用了大腦的 3%，聰明如愛因斯坦，也沒有超過 5%，但是我們卻大談宇宙的萬事萬物；如果開發到 100% 時，這個世界將會是什麼模樣？2014 年電影《露西》（*Lucy*）探討人類的大腦 100% 被開發會怎樣？腦用量達到 100%，消失在時空連續體裡，「我無所不在」（維基百科，2022a）。

現代的小孩幾乎大家都認為很聰明，看來人腦開發可能又向上提升，或許至 9% 吧？又是「誰」提升了這個「腦」？

三、「空間」可以被框住，「時間」卻框不住？

我們的家可以被框限住，學校、教室、各縣市、世界各國家地區都可以被框住，無論範疇大小。但是我們卻無法框住一分一秒的「時間」？

「時間」為何框不住呢？

四、我們所在的這個地球是誰的？

截至 2021 年 11 月，世界人口數已達到 78 億人（維基百科，2022b）。《西雅圖酋長宣言》震撼人心的話：「怎麼能夠買賣天空、

大地與海洋的溫柔？」（Chief Seattle, 2021）《小王子》作者聖·艾修伯里（Antoine de Saint-Exupéry）：「地球不是祖先留給我們的，而是後代子孫借給我們的。」（Nous n'héritons pas la Terre de nos ancêtres, nous l'empruntons à nos enfants.）臺東縣延平鄉布農族小學生作業上寫著：「人住在土地上只是暫時借用，總有一天必須歸還，因為地必須重新清洗。」（盛治仁，2022）

我們都住在地球上，但是這個地球到底是誰的？值得好好思索。

五、十字架不是某宗教專屬的，鉛直線（Y）是「定海神針」；水平線（X）是「和諧、圓融」

我們應該好好思索自己在這世界上／組織中／家庭裡的「位置」：定海神針？在自己安身立命的場域，保持和諧與圓融。

最重要的是我是誰？家庭的和諧，社會、世界才能大同。

伍 教育的本質

本質是什麼？什麼是教育的本質？

賈馥茗是國內、外教育界最先探討「本質是什麼？什麼是教育的本質？」的學者，以英文 "essence" 表示「本質」。亦即，教育的根本即是「教育的本質」，是形而上的。「為什麼要教」就是「教育的根本」。教育是人獨有的活動，人又是唯一會問「為什麼」且要知道「為什麼」的動物，因此探究教育的本質，最好從人開始，然後推究教育的形而上，印證教育的存在。德國存在主義哲學家雅思培（Karl Jaspers, 1883-1969）：「哲學是人成為人的嘗試。」教育無非是（似）「影響『人』成為『人』的歷程」；「教『人』成為『人』的歷程」（賈馥茗，2006）。

對於「本質」的理解，在《看柯瑞，詩想起李金髮》描述得很傳神。美國 NBA 職籃，柯瑞這個球季成為史上三分進球最多的球員，其意義是把籃球運動回歸到了「本質」。因為一百多年前發明籃球的奈史密斯（James Naismith）博士，在發明籃球時，拿著一個簡單的木桶，心中想的，是要球員站在一定距離外，把球「扔」進（徐望雲，2022）。

●●●念念有慈

你認為教育的本質是什麼？為什麼教育改革紛亂時，總有教育學者要大聲疾呼「回歸教育的本質？」

陸　教育與哲學

舉些教育哲學學者名言，引發我們思考教育與哲學。

康德：「沒有科學實證的哲學原理是空的；沒有哲學原理的科學實證是瞎的。」

杜威：「哲學是教育的普通原理；教育是哲學的實驗室。」

陶行知：「千教萬教教人求真；千學萬學學做真人。」（如圖 3-1）

歐陽教：「沒有哲學的教育是盲的；沒有教育的哲學是空的。」

圖 3-1

千教萬教教人求真；千學萬學學做真人

註：作者 2019 年 3 月 1 日攝於福建省莆田市荔城區莆田礪青中學。

柒 教育愛

　　職場工作者需要有愛，教育更是需要有愛，教師需要有「教育愛」
（agape）。

　　希臘文中的教育愛（agape），指的是精神之愛（spiritual love）、
憐憫（compassion）與慈善（charity），是一種無私的愛（selfless
love），沒有條件，沒有智、愚、貧、賤的差別待遇，是一種創造的
愛，使學生從無知到有知、從沒有價值成為有價值，有成人之美的那種
愛的味道。

捌 亞里斯多德的哲學觀

TO SAY WHAT IS THAT IT IS NOT, OR OF WHAT IS NOT THAT IT IS, IS FALSE; WHILE TO SAY OF WHAT IS THAT IT IS, OR WHAT IS NOT THAT IT IS NOT, IS TRUE.

中譯：是其所非，或非其所是，是爲假；而是其所是，或非其所非，是爲眞（歐陽教，1998）。

念念有慈

秦朝宰相趙高對秦二世胡亥，指鹿爲馬，就是「假」！

玖 教育規準

觀念分析學派、英國教育哲學家皮德思（R. S. Peters）在《*Ethics and Education*》（1966/1970）指出教育的概念（Concept of Education）：

一、工作－成效（Task-Achievement）與多樣態的（Polymorphous）。

二、教育規準（Criteria of Education）（林逢祺，2010）：

(一) 價值性（Worthwhileness）：教育是一種價值傳遞的活動，使受教者能認同、熱愛價值。

(二) 認知性（Cognitiveness）：教育的內容和過程應該協助學生，在知識、理解力、認知視野上得到拓展。

(三) 自願性（Voluntariness）：教育不應該使學生缺乏應變性和自願性的活動。但不是「所有」的學生都要以他的志願或興趣爲起點，唯不可做「灌輸」（Indoctrination）的事。如「班級經營」即是此一概念。

···念念有慈

1. 請各舉一個例子，說明教育的三大規準。

2.「教育」（Education）與「灌輸」（Indoctrination）的區別？

3. 你認為「興趣」是教育的「起點」？還是「終點」？還是為「起點」
也是「終點」？為什麼？

拾 哲人教育名言

知識並不能包括教育中的一切。情操要磨鍊，慾念要節制，真誠與
價值的動機要激發，深沉的宗教情懷要灌輸，純真的道德觀念要循循善
誘、諄諄教誨，所有這些都在教育中（Noah Webster, 1758-1843）。

把某一知識，灌入一個原本不在那兒的心靈裡，猶如把視野輸入盲
眼那般（Plato, 427-347 B.C.）。

筆者記得師父陳世昌校長（臺北市立成淵高中退休校長）說：「**父
母是孩子的守護神；教師是學生的貴人。**」父母有可能會失靈，貴人不
可再失誤。好比棒球賽，父母是內野手，教師是外野手，如果內野手失
誤，頂多讓對手上一壘，或二壘，但是外野手再失誤，就很慘了！真是
親、師對學生影響的至理名言。

···念念有慈

大家靜下心來想一想，做個生命回顧，我們能有今天，是否是因為有
個「貴人」所致？

參考文獻

Chief Seattle（2021）。**西雅圖酋長宣言**〔劉泗翰譯，第 1 版〕。果力文化。（原著出版年：2002）

吳姿賢（2022 年 1 月 12 日）。鑽樹芯測齡 阿里山神木變年輕。**聯合報**，A6 版。

沈珮君（2016 年 6 月 7 日）。哲學沒有用？**聯合報**。http://www2.lssh.tp.edu.tw/~life/cmw0-1050613.htm

周岩主編（2013）。**王羲之快雪時晴帖**。江西美術出版社。

林一平（2022 年 8 月 22 日）。名句的懸案。**聯合報**，A10 版。

林宜靜（2018 年 11 月 14 日）。〈綠島小夜曲〉原是定情曲！師生戀告白擄芳心。**中國時報**。https://www.chinatimes.com/realtimenews/20181114001018-260405?chdtv

林逢祺（2010）。**教育規準論（二版）**。五南。

徐望雲（2022 年 7 月 29 日）。看柯瑞，詩想起李金髮。**聯合報**，D3 版。

國家教育研究院（2000）。**高中會考（法國）**。https://terms.naer.edu.tw/detail/1308930/

張明明（2015）。**歡樂哲學課**。天下文化。

盛治仁（2022）。**企業永續就是「做值得的事」**。https://n.yam.com/Article/20220727824750

陳亮諭（2013 年 12 月 11 日）。師戀上高二女〈綠島小夜曲〉原是把妹歌。**蘋果日報**。https://tw.appledaily.com/life/20131211/D4PAA3MHZDZG66HQZSWMEPD2XE/

馮靖惠（2018 年 1 月 22 日）。沒標準答案的課。**聯合報**。https://sdgs.udn.com/sdgs/story/12618/3491302

楊媛婷（2022 年 1 月 12 日）。阿里山 2300 年神木 眞實樹齡 626 年。**自由時報**，A10 版。

賈馥茗（2006）。**教育的本質**。五南。

維基百科（2022a）。**露西**。https://zh.wikipedia.org/wiki/%E9%9C%B2%E8%A5%BF_（%E9%9B%BB%E5%BD%B1)

維基百科（2022b）。**世界人口**。https://zh.wikipedia.org/wiki/%E4%B8%96%E7

%95%8C%E4%BA%BA%E5%8F%A3

歐陽教（1998）。**教育哲學導論**。文景。

Lang, Par Céline (2017). *Langres: l'Education nationale veut rassurer sur la place de la philosophie dans la réforme du bac.* http://france3-regions.francetvinfo.fr/grand-est/haute-marne/langres/langres-educationnationale-veut-rassurer-place-philosophie-reforme-du-bac-1342677.html

第四章

生命哲學：史蒂夫·賈伯斯
2005 年史丹佛大學畢業典禮演講

Steve Jobs（2005）：

"If today were the last day of my life,
would I want to do what I am about to do today?"

"Stay hungry, stay foolish."

　　人人皆知 Apple 公司創辦人史蒂夫・賈伯斯（Steve Jobs）創發的產品，擁有世界最多的粉絲團，如 iPhone、Apple Watch、iPad、Apple TV、iOS、Macintosh（1998 年後稱為 Mac）、macOS 等。他的專業、創新能力舉世皆知，在這個世界幾乎無人出其右。作者卻更賞識他生命哲學的實踐，足以作為世人的典範。

　　史蒂夫・賈伯斯 2005 年受邀於史丹佛大學（Stanford University）畢業典禮演講，這段演講雖然僅僅約 15 分鐘而已，但是字字珠璣，無不充滿著生命智慧。英文講稿約 2,200 字。

　　就讓我們好好地向 Steve Jobs（史蒂夫・賈伯斯）學習吧！

　　作者特別摘錄幾則，供讀者教育或自身生命歷程思索：

　　　　You can't connect the dots looking forward. You can only connect them looking backwards, so you have to trust that the dots will somehow connect in your future.

　　　　往前看時你無法把點連起來。只有往後看時你才能連接它們，所以你必須相信點將在你的未來以某種方式連接。

　　　　I'm convinced that the only thing that kept me going was that I loved what I did. You've got to find what you love, and that is as true for work as it is for your lovers. Your work is going to fill a large part of your life, and the only way to be truly satisfied is to do what you believe is great work, and the only way to do great work is to love what you do. If you haven't found it yet, keep looking, and don't settle.

　　　　我深信唯一使我繼續向前的是我喜愛我所做的事。你必須找到你喜愛的，而這道理適用於工作如同適用於你的愛人一樣。你的工作將占你生活的一大部分，而唯一感到真正滿足的

方法是做你相信是卓越的工作，而唯一做卓越工作的方法是喜愛你所做的事。如果你還未找到，繼續找，不要妥協。

"If you live each day as if it was your last, someday you'll most certainly be right."

I have looked in the mirror every morning and asked myself, "If today were the last day of my life, would I want to do what I am about to do today?" And whenever the answer has been "no" for too many days in a row, I know I need to change something. Remembering that I'll be dead soon is the most important thing I've ever encountered to help me make the big choices in life, because almost everything – all external expectations, all pride, all fear of embarrassment or failure – these things just fall away in the face of death, leaving only what is truly important. Remembering that you are going to die is the best way I know to avoid the trap of thinking you have something to lose. You are already naked. There is no reason not to follow your heart.

「如果你過每一天有如那是你的最後一天，某一天你將肯定是對的。」

「如果今天是我生命的最後一天，我會想做我今天即將要做的事嗎？」而每當答案連續很多天是「不」，我便知道我需要做些改變。記住我將馬上死亡是我所遇過最重要的東西來幫助我在人生裡做重大決擇，因為幾乎所有的事情——所有外在的期待、所有的自尊、所有對困窘及失敗的害怕——這些事情在死亡面前只會自動消失，僅留下真正重要的。記住你將死去是我所知道最好的方法來讓你避開你有東西會失去這個想法之

陷阱。你已不受保護，沒有理由不去追隨你的內心。

Your time is limited, so don't waste it living someone else's life. Don't be trapped by dogma, which is living with the results of other people's thinking. Don't let the noise of others' opinions drown out your own inner voice, and most important, have the courage to follow your heart and intuition. They somehow already know what you truly want to become. Everything else is secondary.

你的時間是有限的，所以不要浪費它於過別人的生活。不要被教條給困住，也就是活於別人思考的結果中。不要讓別人意見的噪音淹沒了你自己內心的聲音，而最重要的，要有勇氣追隨你的內心及直覺。它們因某原因已經知道你真正想成為什麼。其他的事情皆是次要的。

Stay hungry, stay foolish.
求知若飢，虛心若愚。

《賈伯斯傳》（*Steve Jobs*）的作者華特・艾薩克森（Walter Isaacson），描述賈伯斯：「我們不但可從他的人生故事得到啟發，也可學到一些教訓。但就創新、個性、領導力和價值而言，他絕對是最好的學習教材。」（Walter Isaacson, 2017）。

●●●●念念有慈

1. 聆聽完、閱讀完史蒂夫・賈伯斯（Steve Jobs）2005 年受邀於史丹佛大學（Stanford University）畢業典禮的演講。你針對講稿哪句

話或什麼事特別有感？說說你的感動或啟示。

2. 本文對教師或家長教育的啟示為何？

3. 建議大家延伸閱讀中文或英文版的《賈伯斯傳》（*Steve Jobs*）。

參考文獻

Walter Isaacson（2017）。**賈伯斯傳**〔廖月娟、姜雪影、謝凱蒂譯，第一版〕。
　　天下文化。（原著出版年：2011）

Steve Jobs (2005). *Stanford Commencement Address.* https://www.youtube.com/
　　watch?v=WUUjU4Om0KI

第五章

倫理學：邁可‧桑德爾教授的「正義」課

　　1982 年邁可・桑德爾（Michael Sandel, 1953-）所著的《自由主義與正義的侷限》（*Liberalism and the Limits of Justice*），以對 1971 年約翰・羅爾斯（John Rawls, 1921-2002）《正義論》（*A Theory of Justice*）的批判而聞名。

　　桑德爾認為羅爾斯的論證依賴於對「無知之幕」（veil of ignorance）的假設，這讓我們成為了「不受障礙的自我」（維基百科，2022a）。

壹　邁可・桑德爾教授

　　邁可・桑德爾年少對公共事務就有興趣。有則傳聞，他在加州讀高中，17 歲擔任學生會主席時，曾邀請雷根總統（當時還是加州州長）來校與他同台對談，結果被拒決。他很沮喪，他的媽媽知道雷根喜歡吃棒棒糖，買了 6 磅送到州長家，才被接納公開辯論。當然雷根絕對不是如此貪嘴才接受辯論，應該是被桑德爾這位年輕人的膽識給感動吧？辯論結果可想而知，但是多年後的今天，桑德爾卻成為世界政治哲學知名學者，哈佛大學政治哲學教授。

念念有慈

邁可・桑德爾與雷根辯論的小故事，給我們教育工作者什麼啟示？

貳　有軌電車難題

　　有軌電車難題（Trolley Problem），也稱為電車問題，是一個倫理學的思想實驗。1967 年英國哲學家菲利帕・福特（Philippa Ruth

Foot），首次提出這個問題。

一、你會為了救五個人而讓一個人犧牲嗎？

　　一輛失控的列車在鐵軌上行駛。在列車正行進的軌道上，有五個人被綁起來，無法動彈。列車將要碾壓過他們。你站在改變列車軌道的操縱桿旁。如果拉動此桿，則列車將切換到另一條軌道上。但是，另一條軌道上也有一個人被綁著。你有兩種選擇：

1. 什麼也不做，讓列車按照正常路線碾壓過這五個人。
2. 拉下操縱桿，改變爲另一條軌道，使列車壓過另一條軌道上的那個人（維基百科，2022b）。

　　邁可・桑德爾接續提出以下另外兩種倫理抉擇（取自：第 1 講─正義：一場思辨之旅─Michael Sandel）。

二、要不要為了救五個人，把一個人從橋上推下去？

　　你是個站在橋上的旁觀者，你正觀察著鐵軌上的狀況，軌道上來了一輛火車，軌道的盡頭有五名工人，煞車同樣失靈，而火車正要撞死那五名工人，由於你不是駕駛員，你覺得非常無助，直到你注意到旁邊有個人，在橋邊站著一個非常胖的人，你可以推他一把，他會掉落軌道，正好擋住該輛車，他會死，但他的犧牲可以救那五個人。有多少人願意把那胖子推下橋？

三、取走一個健康的人的器官可以救五個病人，你做不做？

　　你是在急診室的醫生，同時來了六名病患，他們是一場恐怖的火車意外中的傷者，其中五個人傷勢中等，一名重傷，你可以花整天的時間治療那名重傷患者，但另外五名患者會因無人照顧而亡。或者你也可以照顧那五位患者，治好他們，但同時那一名重傷患者會爲無人治療而死亡。從醫生的角度來看，有多少人會救那五人？有多少人會救那一個人？

上述，回應三個問題，您的答案是什麼？理由為何？自我檢視答案後，會不會有矛盾現象？為什麼？

參 建議觀賞邁可·桑德爾教授哈佛大學公開授課影片

2009 年，哈佛大學決定把這門課向全球公開。作者不只把教學內容寫成本書，上課實況還被剪輯成 12 個鐘頭，在美國公共電視播出（Michael Sandel, 2011）。

第 1 講—正義：一場思辨之旅—Michael Sandel

https://www.youtube.com/watch?v=Y4HqXP47lPQ

第 2 講—正義：一場思辨之旅—Michael Sandel

https://www.youtube.com/watch?v=DCx3O3gygok&list=PLfy2dsPrWejQzb4ocmFDoO9QRA7mntb4M&index=2

第 3 講—正義：一場思辨之旅—Michael Sandel

https://www.youtube.com/watch?v=0EwJRUzVYxk&list=PLfy2dsPrWejQzb4ocmFDoO9QRA7mntb4M&index=3

第 4 講—正義：一場思辨之旅—Michael Sandel

https://www.youtube.com/watch?v=J9btigv8l4s&list=PLfy2dsPrWejQzb4ocmFDoO9QRA7mntb4M&index=4

第 5 講—正義：一場思辨之旅—Michael Sandel

https://www.youtube.com/watch?v=LpBtpejHb2k&list=PLfy2dsPrWejQzb4ocmFDoO9QRA7mntb4M&index=5

第 6 講—正義：一場思辨之旅—Michael Sandel

https://www.youtube.com/watch?v=33nzbYo-NWg&list=PLfy2dsPrWejQzb4ocmFDoO9QRA7mntb4M&index=6

第 7 講—正義：一場思辨之旅—Michael Sandel

https://www.youtube.com/watch?v=4ZLD6Q8e-To&list=PLfy2dsPr

WejQzb4ocmFDoO9QRA7mntb4M&index=7

第 8 講—正義：一場思辨之旅—Michael Sandel

https://www.youtube.com/watch?v=PaakM1V2Z80&list=PLfy2dsPr

WejQzb4ocmFDoO9QRA7mntb4M&index=9

第 9 講—正義：一場思辨之旅—Michael Sandel

https://www.youtube.com/watch?v=3yf8wKCwhMQ&list=PLfy2dsP

rWejQzb4ocmFDoO9QRA7mntb4M&index=10

第 10 講—正義：一場思辨之旅—Michael Sandel

https://www.youtube.com/watch?v=3yf8wKCwhMQ&list=PLfy2dsP

rWejQzb4ocmFDoO9QRA7mntb4M&index=10

第 11 講—正義：一場思辨之旅—Michael Sandel

https://www.youtube.com/watch?v=8Jq2g07UZxQ&list=PLfy2dsPr

WejQzb4ocmFDoO9QRA7mntb4M&index=11

第 12 講—正義：一場思辨之旅—Michael Sandel

https://www.youtube.com/watch?v=ssstg0uxEYI&list=PLfy2dsPrW

ejQzb4ocmFDoO9QRA7mntb4M&index=12

💬念念有慈

這 12 則公開授課影片，是非常好的倫理哲學教材。你對哪部影片有
感動，說說你的心得。

參考文獻

Michael Sandel（2011）。**正義：一場思辨之旅**〔樂為良譯，第一版〕。雅言文化。（原著出版年：2010）

維基百科（2022a）。**麥可‧桑德爾**。https://zh.wikipedia.org/zh-tw/%E8%BF %88%E5%85%8B%E5%B0%94%C2%B7%E6%A1%91%E5%BE%B7%E5 %B0%94

維基百科（2022b）。**有軌電車難題**。https://zh.wikipedia.org/zh-tw/%E6%9C%8 9%E8%BD%A8%E7%94%B5%E8%BD%A6%E9%9A%BE%E9%A2%98

第六章

《易經》智慧與教育哲學

《論語·衛靈公篇》：「子曰：『人能弘道，
非道弘人。』」
宇宙人生的密碼已經解開了，
但是要靠人來把它發揚光大。
《易經》就是一部能解開宇宙人生密碼的寶典。
（曾仕強，2013）

撰寫本章，感恩之心油然而起。
感恩恩師曾仕強大師（1935-2018）的教誨，
師恩浩瀚，銘記於心。
曾仕強恩師提出「人類自救」：
每晚八點整請心中共唸：
「人人憑良心，時時立公心，自己先力行。」

壹 《易經》簡述

　　秦始皇焚書，為何《易經》被留存下來了？透過哲學的質疑，不禁要問：「為什麼《易經》能夠被流傳下來？」「歷史上記載秦始皇焚書坑儒，《易經》不也被焚毀了嗎？」

　　話說宰相李斯為了箝制人們的思想，建議秦始皇焚書，只剩醫學、農業、占卜這幾種技術性書籍留下，《易經》當時是占卜用的。因此，《易經》被留存下來了！

念念有慈

　　焚書坑儒，秦始皇當然為首犯，但是李斯的建議，似乎是讓秦始皇焚書坑儒的關鍵。李斯如漢娜・鄂蘭的《平庸的邪惡》？

　　《易經》是一部中華文化中，極其深奧又兼具智慧的曠世巨作，須具備道德高、博學廣之人，方能取得熟習入門票券，一探究竟。筆者品學實不足堪，惟，在就讀博士班時，幸運的能結緣受教於專研《易經》的曾仕強大師（2018 年 11 月 11 日 19 點 54 分辭世，享壽八十有四）（維基百科，2021）。因筆者資質愚鈍，僅略習入門之初，但深信所學，筆者界定為「易經智慧對教師教育哲學的啟示」，輔以自身中學學校的教學與行政的歷練，對於學校教師在面對自我人生關卡時，安然與豁達、教育學生的啟示，希冀能有一定的助益。

　　《漢書・藝文志》、《藝文類聚・經典》及《太平御覽・易》都有記載：「……故日易道深矣，人更（ㄍㄥ）三聖，世歷三古。……而易為筮卜之事，傳者不絕。」明白的指出《易經》是一部深奧的經典，筆者稱之「經典的哲學書籍」，學習哲學的人，建議宜認識、學習《易

經》，將其視爲哲學名著閱讀，從中擷取人生與教育的智慧。

另一方面，整部《易經》的周密，應歸功於上古時期的伏羲氏、中古時期的周文王及其第四子周公（姬旦）與近古時期（約 2500 年時）的孔子，經歷亙古時光，三代四人畢其一功完成。

輕鬆一下：我們在學校經常會用「夢周公」來說某某學生睡著了，一詞原來出自於《論語・述而》篇的記載：「子曰：『甚矣吾衰也！久矣吾不復夢見周公。』」此「周公」即姬旦也。

中華文化的「六經」係指：《詩》、《書》、《禮》、《樂》、《易》、《春秋》。《史書》：「孔子刪詩書（詩經／尚書）、訂禮樂（制禮／作樂）、作春秋、贊周易。」看得出孔子面對《周易》，僅豎起大拇指表「讚！」，足以稱《易經》爲群經之首、之始。

一般在坊間書店常見聞《周易》，就是《易經》，特別要說明的是此「《周易》的『周』」係指周到、周密的易經，而非像天文物理界，哪位觀察者發現小行星或彗星，即以發現者之名命名，以資紀念其貢獻。雖然《周易》經歷周文王與周公撰寫，但並未以「周」來紀念其父子之貢獻，或許該說是巧合吧？

貳　宇宙人生的密碼是《易經》，是 DNA

《論語・衛靈公篇》：「子曰：『人能弘道，非道弘人。』」宇宙人生的密碼已經解開了，但是要靠人來把它發揚光大。《易經》就是一部能解開宇宙人生密碼的寶典（曾仕強，2013），與生命科學概念有著奇妙的一致性觀點，宇宙人生的密碼是《易經》，是 DNA。

1953 年，生物學家華生（James D. Watson）和物理學家克里克（Francis Harry Compton Crick），藉由科學家富蘭克林的一張精美的DNA 晶體繞射圖，推測出 DNA 分子應該是雙螺旋的結構。DNA（deoxy-nucleic-acid），也就是「去氧核糖核酸」。如果將DNA想像成兩條

串珠，互相地纏繞，每一個珠子即是 DNA 的一個基本單位，稱之爲核苷酸（國立科學工藝博物館，2021）。

日本鎌倉海豚醫師診所院長松久正，結合現有的醫療方式與看不見的領域，創造出「超次元‧超時空松果體覺醒醫學∞ IGAKU」（松久正，2019）。令筆者爲之訝然的是，DNA 果眞是宇宙人生的密碼，常聽人云：「劇本都已經寫好了，只是不能偷看。」書中提出高次元多股螺旋 DNA 的各層資訊，從雙股螺旋 DNA 至十二股螺旋 DNA 的可見與否、身體、人生的關聯及其意涵做了明確的說明。

念念有慈

如果人生劇本真的已經寫好了，那我們還努力什麼呢？不過伏筆就在「我們無法偷看／先看」。因此，生命尚未圓滿，吾人仍須繼續努力。如銘傳大學諺語：「含著微笑奮鬥到底」吧？

參 八卦與六十四卦簡介

學習易經需要具足高道德、高智慧，作者品、學差已！但是人生階段因緣和合，偶然受教於恩師曾仕強大師，師能用凡人易懂的語句與思維方式指引，因而受益匪淺。今野人獻曝，希冀能對初學者有所助益。

學習《易經》前的小知識：奇數屬「陽」；偶數屬「陰」。如正式的唐裝鈕扣數一定是五顆或七顆；正式的陽宅階梯數一定是奇數；拇指單獨一隻，屬陽；四指偶數，屬陰。

仔細數雙手的十指，被指關節分成二十八小段，與二十八星宿不謀而合？難怪看古劇有關劉伯溫的劇情，常見其十指互動，莫非乾坤就在指掌間？

《易經》與太極，如圖 4-1。

圖 4-1
太極陰陽

一、太極的啟示

　　一生二，不是一分二，陰陽不可分，陰中帶陽，陽中帶陰。如我們的雙手掌，拇指是陽，四指是陰，但是拇指的關節將拇指生成兩節，又屬陽；四指的關節生成各三節，又屬陰。可謂陽中帶陰，陰中帶陽。妙哉！雙手共生成二十八節，而天上二十八星宿就在雙手指節中。看看劉伯溫、算命仙，不都是用雙手指盤算嗎？

　　八卦的圖像由伏羲氏觀自然天象所創發，或許吾人亦可推測可能是當時有一群體，共同觀察、討論、想像而創發出來的八卦圖像。以現代觀點，可稱為團隊合作能力的發揮所共創的傑作，而伏羲氏是團隊裡推派出的代表人，現代用詞就是「班長／班代」吧？

　　要認識《易經》六十四卦，宜先從認識八卦開始。我們寫論文有 APA 格式，《易經》亦有其遊戲規則。

　　奇數代表陽，偶數代表陰。九表示陽以符號「－」；六表示陰以符號「－－」。每一畫稱「爻」，八卦中的每一卦之總稱為「三畫卦」；六十四卦中的每一卦之總掛稱為「重卦」。「三畫卦」或「重卦」的爻序位都是由下往上開始，與一般組織的組織圖的序位由上而下相反。

二、認識八卦

首先認識「八卦」，伏羲氏是上古時代，距今已經數千年了，誰知道當時他們是怎麼想像、創發的，因此認識「八卦」的名稱，最好透過發揮「想像力」（imagination）來認識與形成記憶。

　　　天「☰」，天下面動「☴」稱風；天中間動「☲」稱火；天上面動「☱」稱澤。
　　　地「☷」，地下面動「☳」稱雷；地中間動「☵」稱水；地上面動「☶」稱山。

以上只是以「自然現象」所推論命名，並無智慧內涵。但是加以「人文」法則，則八卦就衍生出人生智慧了，如下：

　　　天「☰」稱「天乾卦」，天下面動「☴」稱「風巽卦」；天中間動「☲」稱「火離卦」；天上面動「☱」稱「澤兌卦」。
　　　地「☷」稱「地坤卦」，地下面動「☳」稱「雷震卦」；地中間動「☵」稱「水坎卦」；地上面動「☶」稱「山艮卦」。

三、認識六十四卦

周文王父子倆創發出六十四卦，以現代觀點，可說他父子倆具有數學排列素養吧？

將任兩個八卦（含同取一八卦兩次）排列，即組成獲得了六十四卦。六十四卦中的每一卦，都有六爻，此六爻之爻的代號，又各都有名稱，規則如下：

任一卦（六爻），只有時（間）、位（置）與性質，一開始第一

爻只關注「時間」，亦即「初」；最後第六爻只關注「位置」，亦即「上」；「性質」以九表示陽，六表示陰，編織成六十四卦任一卦的六爻名稱。如下：

☰ 初九 - 九二 - 九三 - 九四 - 九五 - 上六

☷ 初六 - 六二 - 六三 - 六四 - 六五 - 上六

初九 - 六二 - 九三 - 六四 - 九五 - 上六

初六 - 九二 - 六三 - 九四 - 六五 - 上九

初九 - 九二 - 九三 - 六四 - 六五 - 上六

初六 - 六二 - 六三 - 九四 - 九五 - 上九

念念有慈

1. 知道六十四卦的各爻名稱後，有勇氣到書局閱讀《周易》有關的書籍吧？

2. 如果中華文化是以儒家文化為主流，那就是孔孟思想了。想想「孔子刪詩書、訂禮樂、作春秋、贊周易。」好一個「贊」周易！果如此，那整個中華文化不就是受《易經》所影響的嗎？值得我們閱讀究竟。

肆 《易經》與電腦科技

德國哲學家、數學家萊布尼茲（Gottfried Wilhelm Leibniz, 1646-1716），其友人從中國帶回《易經》，啟發了萊布尼茲發明「二進位操作系統」，遺憾的是沒有留下資料。直到英國艾倫・麥席森・圖靈（Alan Mathison Turing, 1912-1954），英國電腦科學家、數學家、邏輯學家、破密學學家和理論生物學家，他被稱為電腦科學與人工智慧之父。

念念有慈

如果萊布尼茲的「二進位操作系統」能夠完整被流傳下來，今天的電腦是何模樣？不得而知，但是肯定絕對不是眼前的這部電腦而已。看來走過未必留下足跡？

2014 年電影《模仿遊戲》（*Imitation Game*）就是有關圖靈（Turing）的真人真事。摘錄電影的幾句話，對於教育給予我們的一些啟示：

1. 有時候，正是讓人意料之外的人會成就讓人意料之外的事。
   （Sometimes it is the people no one imagines anything of who do the things that no one can imagine.）
2. 就因為某樣東西思考的方式跟你不一樣，就代表它沒在思考嗎？
   （Just because something thinks differently from you, does it mean it's not thinking?）
3. 你知道為什麼人們喜歡暴力嗎？因為它讓你感覺很爽快。人們發現暴力是很讓人滿足的，但將滿足感剔除後，這行為就

會變成空泛。

（Do you know why people like violence? It is because it feels good. Humans find violence deeply satisfying, but remove the satisfaction, and the act becomes hollow.）

4. 如果你希望你是個平凡人，但我可以向你保證我並不希望如此。這個世界變得更美好正是因為你不是平凡人。

（If you wish you could have been normal, I can promise you I do not. The world is an infinitely better place precisely because you weren't.）

5. **保持你的奇特，保持你的不一樣。**

（**Stay weird, Stay different.**）

2018 年第 87 屆奧斯卡最佳改編劇本獎得主葛拉罕・摩爾（Graham Moore）的勵志得獎感言：

當我 16 歲的時候，我曾經想嘗試著自殺，因為我覺得不屬於這個世界。現在我在這裡，在這個時刻我要為覺得自己怪異或者和別人不一樣的孩子。保持你的奇特，保持你的不一樣。相信你們做的到，當你們搖身一變，站在這個舞台上。請把這個信息傳遞下去。

when I was 16 years old I tried to kill myself because I felt different and that I didn't belong. now I'm here, and I want this moment to be for that kid who feels weird or different. stay weird, stay different. I promise you do. and then when it's your turn, and you are the one standing on this stage, please pass the same message to the next person who comes along.

···念念有慈

1. 2014 年電影《模仿遊戲》（*Imitation Game*）的經典名句對你在教育輔導學生啟示了什麼？

2. 關於葛拉罕‧摩爾（Graham Moore）的勵志得獎感言，其實你想說的是？如何運用於學生的教育？

伍 《易經》的智慧

一、重掛的啟示

地（一二）、人（三四）、天（五六），可了解重卦裡第三爻與第四爻分位於下卦與上卦接合處，因此三、四爻占了非常重要的位置。如「不三不四」、「顛三倒四」，所以組織裡「中間幹部」要特別留意。

二、元亨利貞

整部《易經》幾乎都有著元、亨、利、貞穿插其中，各家也有不同詮釋。

元：開始之意，如元始天尊、開元寺。

亨：亨通之意，「元」鞏固好才能「亨」。亦即，固本培元。

利：利益之意，「亨」後必有「利」益

貞：正之意，須區辨正當與否的利益？如果是正當的利益，才能再次元亨利貞，鴻圖大展。

例子：以帶小孩出門買玩具為例，元亨利貞怎麼做？

元：告訴孩子如何做。

出門購物前，先與孩子溝通清楚，如到了「玩具反斗城」時，每個

玩具擺放處都要去逛逛；只能從中選一個玩具。當孩子聽清楚後就可出門了。

亨：孩子欣然接受遊戲規則，開心出門。

孩子遵守購買的規則，家長才能帶去「玩具反斗城」，想必是滿面春風，一跳帶一步吧？

利：拿著選購的玩具回家。

孩子依照出門前的溝通結果行事，買了最愛的玩具在手，這玩具就可稱為利了。

貞：回到家就知貞或不貞。

如果孩子不玩此玩具時，能夠收拾擺放好，並期待下次能夠續玩，這就是貞。

念念有慈

教師班級經營，如何運用元亨利貞？試舉一個實例。

三、乾坤的龍馬精神與教育

「乾卦」六爻都是龍，潛龍→現龍→惕龍→躍龍→飛龍→亢龍。但是「坤卦」爻辭沒有一個「馬」字，只有「利牝（ㄆㄧㄣˋ）馬之貞」（卦辭），係指配合協調精神。因為母馬都是跟著公馬而行。啟示吾人，想要領導別人，得先學會先被他人領導，再去領導他人。

念念有慈

關於乾坤的龍馬精神啟示，家長或教師的教育觀念應先教導孩子接受領導，來日方能作為領導。

四、「自然」為最高原則

八卦是由伏羲等人，透過觀察與統計大自然而得的。因此，易經的六十四卦，給予吾人最高的行事智慧，就是「符合自然的就要去做」，又陰陽不可分割，因此不符自然的不能不做，如何做？其實不符合自然的就是人為的，易經哲學，陰陽相生，因此還是要做，但是要小心謹慎。如空地興建建築物，屬於人為，因此要好好施工與監工，以保工程品質，維護建築安全。

五、否極泰來／趨吉避凶（十一泰卦／十二否卦）

泰卦（地天泰）是第十一卦，是吉卦；第十二卦為否卦（天地否），為凶卦。說明從吉卦到凶卦，僅只一卦之距；但是從凶卦回至吉卦，卻須經過六十三卦。

這兩個卦意涵深奧，泰卦（地天泰），上地下天，氣場交融，吉卦；否卦（天地否），上天下地，氣場未交融，否卦，大智慧啊！

人的一生處處是險象，如出門踩到狗屎、機車輪胎被釘刺破等。因此，要學會趨吉避凶。

六、既濟卦（水火既濟）／未濟卦（火水未濟）

整部易經有六十四卦，但是六十三卦既濟卦就已經結束，六十四卦未濟卦才是開始。因此，結束就是開始，開始就是結束。

英文 "Commencement" 是畢業典禮，常聽人說，畢業就是開始，其實《易經》早就告訴我們這個道理了。更重要的是啟發吾人要「持盈保泰」。

七、孔子的人生六階段

《論語・爲政篇》：「子曰：『吾十有五而志于學，三十而立，四十而不惑，五十而知天命，六十而耳順，七十而從心所欲不踰矩。』」看出孔子的生涯規劃分成六階段，是否受《易經》重卦之六爻的影響？

八、六十四卦只有乾卦與坤卦是全陽與全陰

整部《易經》六十四卦，只有乾卦是六爻全陽，坤卦是六爻全陰，其餘的六十二個卦皆陽陰夾雜。這給予吾人啟示：這個世界上眞正的好人與眞正的壞人不多。無須太十全十美看待這個世界吧？

九、卜卦時機（孔子不占）

《易經》在古時，是用來卜卦的。卜卦其實不難，重要的是底下的規矩，也就是須符合下述條件方可卜卦：

1. 資訊或資料不足時。
2. 猶豫再三或無法決定。
3. 一次占卜只問一事，具體明確（講清楚說明白）。
   如「我未來會嫁／娶誰？」這不可以，因爲不明確；改以「我與甄嬛我可以結婚？」即可。
4. 須誠心誠意。

念念有慈

1. 卜卦是引發被卜卦人內心的第六感，且只是參考解答而已（May Be）。
2. 孔子理解《易經》且明白卜卦，但是他一生從不對人卜卦。

十、第十五卦：謙卦／地山謙（山躲藏在地下，不被人發現，就不會被剷除或移山了）

這個卦意涵深奧，上卦爲地卦，下卦爲山卦，看似不合常理，仔細了解，山躲藏在地下，不被人發現，就不會被剷除或移山了，大智慧啊！

陸 結語

一、李安（2020）柏林影展接受錄影訪問：「我覺得我們每一個人都爲後面的人鋪路。」（黃保慧，2020）

二、英國女王伊莉莎白二世（Queen Elizabeth II）曾在一次演講中引用澳洲原住民的一段格言，可用於她輝煌一生的結語：

"We are just passing through. Our purpose here is to observe, to learn, to grow, to love... and then we return home."

「我們只是路過。我們此生的目的是觀察、學習、成長、愛人，然後平安回到天國。」

三、卦似（as）攝影，「每個人的一生都是在畫自己的卦；我們都是爲回家的路在做準備。」

圖 4-2

臺灣省城隍廟（臺北市中正區武昌街一段 14 號）

註：2018 年 3 月 3 日下午 3：37 作者攝。

念念有慈

「卦」通「掛」字，為什麼最愛的家人非得把照片掛在牆上呢？放在心裡不更好嗎？想明白後，其實卜卦的結果就是深藏於心中的答案，只是想把它「掛」出來才肯相信吧？

參考文獻

松久正（2019）。**松果體的奇蹟：覺醒內在潛能，改寫人生與身體的劇本**〔邱心柔譯，第一版〕。方智。（原著出版年：2018）

國立科學工藝博物館（2021）。**DNA 的結構**。取自 http://biotech.nstm.gov.tw/LifeScienceConcept/SpiralC/Spiral03.htm

曾仕強（2013）。**易經的奧祕**。曾仕強文化事業有限公司。

曾仕強（2014）。**解讀易經的奧祕，卷十三：易經的占卜功能**。曾仕強文化事業

有限公司。

黃保慧（2020 年 3 月 2 日）。奧斯卡紀錄被奉俊昊超車 李安：時候到了！**聯合報**。https://stars.udn.com/star/story/10090/4383603

維基百科（2022 年 8 月 26 日）。**曾仕強**。https://zh.m.wikipedia.org/zh-tw/%E6%9B%BE%E4%BB%95%E5%BC%BA

第七章

教學

學校是教育的場域，

校園進行的一切活動都可歸屬爲教學。

教學的主體是學生。

本章將引導大家再次反思檢視，什麼是「主體」（Subject）？

／主體性（Subjectivity）？什麼是「教學」（Teaching）？

壹 何謂「主體」／主體性？

2014 年 8 月全臺灣地區實施十二年國民基本教育，同時頒布《十二年國民基本教育課程綱要總綱》，並在 2011 年 3 月 11 日做了微調。總綱中提出「核心素養」。

「核心素養」的表述可彰顯學習者的**主體性**，不以「學科知識」為學習的唯一範疇，強調其與情境結合並在生活中能夠實踐力行的特質（國家教育研究院課程及教學研究中心核心素養工作圈，2015）。

「核心素養」是課綱的靈魂，「『核心素養』的表述可彰顯學習者的**主體性**。」因此，對於「主體性」，應該探究一下，即使它是一個複雜不易理解的概念。

何謂主體性？蘇格蘭哲學家休謨（Hume）主張，主體性是不存在、虛構的，因為從內在經驗根本找不到「自我」（self）這個東西。也有學者主張，主體性是實在的。由此看來，主體性真是難以捉摸、不易定義。

主體性是西方外來詞，首先經由日文「主体性」的轉譯，才成為中文用語。但是，日本的「主体性」翻譯意涵有「subjectivity」、「autonomy」（自律性）、「independence」（獨立性）與「identity」（同一性）。因此，這外來語在臺灣地區使用主體性一詞時，經常難以共識。雖然子概念彼此間有差異，但是仍符應維根斯坦（Wittgenstein）的家族相似性。因此應該把主體性視為一個概念家族（family of concepts），以列維納斯（Emmanuel Lévinas）的語言來說，主體性最重要的不是 "to be or not to be"，而是「如何證明自己」。亦即，須深思熟慮主體性的存在與價值為何？（吳豐維，2007）「我是誰？」最貼切此意。

在哲學層面，主體指有「實踐」和「認識」能力的人；而主體性則指與客體性相對的人的「主觀能動性」，是對客體世界的能動反應（張

怡松，2010）。伊曼努爾·康德（Immanuel Kant）說的貼切，人根據理性能力獲得自主性，擺脫純粹自然對人的桎梏與自傳統權威的盲目信仰中解放，成為歷史的主體。

勒內·笛卡兒（René Descartes）的名言「我思故我在」（Je pense, donc je suis）。主體是「自我」（Ich），主體意謂意志及自由抉擇的所在。主體性的存在有兩種方式：一種是物質的存在，另一種則是實踐（Jean-Paul Sartre, 2016）。

念念有慈

1. 「核心素養」是指「一個人為適應現在生活及面對未來挑戰，所應具備的知識、能力與態度。」（教育部，2021）。
2. 建議閱讀：Jean-Paul Sartre（2016）。何謂主體性：沙特談馬克思主義與主體性〔林惠敏譯，第一版〕。遠流。（原著出版年：2013）
3. 建議閱讀：馮朝霖（2003）。教育哲學專論：主體、情性與創化。高等教育。
4. 學校的主體是誰？
5. 建議閱讀康德三本巨作：
   《純粹理性批判》（*Kritik der reinen Vernunft*）（1781）
   《實踐理性批判》（*Kritik der praktischen Vernunft*）（1788）
   《判斷力批判》（*Kritik der Urteilskraft*）（1790）

AI 時代的來臨，衍生的諸多隱憂，如 AI 會不會取代人類做決策？《純粹理性批判》已經回應了這個大哉問。在第一版序開宗明義：「人類理性在其知識的某個門類裡有一種特殊的命運，就是：它為一些它無法擺脫的問題所困擾；因為這些問題是由理性向自己提出來的，但

它又不能回答它們；因爲這些問題超越了人類理性的一切能力。」
（Immanuel Kant, 2020）

貳　什麼是教好學生？

　　所謂「教好學生？」（Teaching Students?）係指教師自我設定，
對自己任教的學生，整體教育的教學目標的實踐。亦即，教師透過教
學，實現學生未來的期望圖像；也等同反映出教師的教育理念。幾次
的課堂中進行個別回應的隨堂作業，竟然沒有一位教師回應是有關「升
學」的圖像，都是關於「品格」圖像部分的闡述。

💬 念念有慈

1. 你的「教好學生？」圖像為何？
2. 如果所謂「教好學生」是以「品格」教育為重，為何學校間仍常見
　以升學率的較勁呢？如掛著大大的紅布幔彰顯升學率？

參　紀伯倫的《先知》

　　紀伯倫（Kahlil Gibran, 1883-1931），黎巴嫩的詩人、作家，如詩
歌般的存在哲學，以英文寫成的《先知》（*The Prophet*），1923 年出
版至今翻譯超過五十種語言，有「小聖經」之稱，由二十八篇散文詩組
成，論述生活中的種種課題：愛、婚姻、孩子、工作、快樂與悲傷、法
律、自由、友誼、善與惡、宗教及死亡。

　　美國羅斯福總統（Franklin D. Roosevelt）對《先知》：「『從東
方吹來橫掃西方的風暴』，文中散發強烈的東方意識也被視爲『東方贈

給西方的最好禮物』。」

　　年輕人讀，有如初次航向人生海洋，覺其寬廣神祕；中年人讀，好似在航道中途仰望天上有無恆星可供辨認方向；老來再讀，將與漫步在黃昏道途上的自己相遇，嘆息，並且微笑（陳郁馨，2022）。

　　摘錄《先知》兩章詩篇，第四篇孩子（On Children）與第十八篇教學（On Teaching），提供爲人父母、爲人師的讀者，對「孩子／學生」這個「唯一獨立個體」概念的再次反思與啟示。

一、第四篇：孩子（On Children）（Kahlil Gibran, 2021）

Your children are not your children.

They are the sons and daughters of Life's longing for itself.

They come through you but not from you,

And though they are with you, yet they belong not to you.

You may give them your love but not your thoughts,

For they have their own thoughts.

You may house their bodies but not their souls,

For their souls dwell in the house of tomorrow,

which you cannot visit, not even in your dreams.

You may strive to be like them, but seek not to make them like you.

For life goes not backward nor tarries with yesterday.

You are the bows from which your children as living arrows are sent forth.

The archer sees the mark upon the path of the infinite, and He bends

you with His might that His arrows may go swift and far.

Let your bending in the Archer's hand be for gladness;

For even as He loves the arrow that flies,

so He loves also the bow that is stable.

二、第十八篇：教學（On Teaching）（Kahlil Gibran, 2021）

No man can reveal to you aught but that which already lies half asleep in the dawning of your knowledge.

The teacher who walks in the shadow of the temple, among his followers, gives not of his wisdom but rather of his faith and his lovingness.

If he is indeed wise he does not bid you enter the house of his wisdom, but rather leads you to the threshold of your own mind.

The astronomer may speak to you of his understanding of space, but he cannot give you his understanding.

The musician may sing to you of the rhythm which is in all space, but he can not give you the ear which arrests the rhythm nor the voice that echoes it.

And he who is versed in the science of numbers can tell of the regions of weight and measure, but he cannot conduct you thither.

And he who is versed in the science of numbers can tell of the regions of weight and measure, but he cannot conduct you thither.

For the vision of one man lends not its wings to another man.

And even as each one of you stands alone in God's knowledge, of God and in his understanding of the earth.

⋯⋯念念有慈

1.「教學原理」探討教學的理論、知識何其多，為什麼本文卻提出
《先知》的這兩篇來做思維與討論呢？或許這就是哲學的另類教學
觀吧？你想說的是？

2. 孩子／學生是獨立的個體，有其主體性，如何看待孩子／學生？紀
   伯倫的孩子／學生觀點是什麼？又啟迪教師教學是什麼？

參考文獻

Immanuel Kant（2020）。**純粹理性批判：康德三大批判之一**〔鄧曉芒譯，第二版〕。聯經出版公司。（原著出版年：1781 年）

Jean-Paul Sartre（2016）。**何謂主體性：沙特談馬克思主義與主體性**〔林惠敏譯，第一版〕。遠流。（原著出版年：2013）

Kahlil Gibran（2021）。**先知**〔王季慶譯，第一版〕。賽斯文化。（原著出版年：1923 年）

吳豐維（2007）。何謂主體性？一個實踐哲學的考察。**思想，4**。

國家教育研究院課程及教學研究中心核心素養工作圈（2015）。**十二年國民基本教育領域課程綱要核心素養發展手冊**，頁 1。國家教育研究院。

張怡松（2010）。主體性 Subjectivity。**文化研究，21**。https://www.ln.edu.hk/mcsln/archive/21th_issue/key_concept_01.shtml

教育部（2021）。十二年國民基本教育課程綱要總綱。國家教育研究院。

陳郁馨（2022）。**先知：中英文經典收藏／紀伯侖 Kahlil Gibran**。https://shopee.tw/%E5%85%88%E7%9F%A5-%E4%B8%AD%E8%8B%B1%E6%96%87%E7%B6%93%E5%85%B8%E6%94%B6%E8%97%8F-%E7%B4%80%E4%BC%AF%E4%BE%96-Kahlil-Gibran-%E8%AA%A0%E5%93%81eslite-i.211208801.5934467633

第八章

古希臘三大哲人

哲人日已遠
典型在夙昔

古希臘三哲人
蘇格拉底（Scorates, 470-399 B.C.）
柏拉圖（Plato, 427-347 B.C.）
亞里斯多德（Aristotle, 384-322 B.C.）

古希臘哲學三巨人，幾乎無人不知無人不曉，那就是大名鼎鼎的：蘇格拉底（Scorates, 470-399 B.C.）、柏拉圖（Plato, 427-347 B.C.）、亞里斯多德（Aristotle, 384-322 B.C.）。

在此提出幾則大哲人的哲學經典及其智慧，作為啟發教師再次反思教學。

壹　蘇格拉底問答法

一、蘇格拉底問答法

蘇格拉底藉由「思辨」宣揚哲學觀點。「蘇格拉底問答法」：教師的角色不是制定「規則」，而是幫助學生清楚「思考」，從討論中得到豐碩的成果。如下：

教師：艾曼達，什麼是革命呢？

艾曼達：用武力來推翻政府。

教師：如果這個國家本來由某個國王統治，結果國王的弟弟殺了國王篡位，這算不算是一種革命呢？

艾曼達：嗯，那不是革命。

教師：如此說來，並不是所有用武力推翻政府都是革命？

艾曼達：是的，不是所有這樣的方式都算是革命。

教師：除了用武力推翻政府之外，還需要什麼條件才能稱為革命呢？

💬念念有慈

1. 不直接給答案，只持續的加深、加廣的引導，直到學生領悟。

2.蘇格拉底問答法對於教學的啟發為何？課堂中教師可以如何運用？

二、蘇格拉底的哲學實踐

蘇格拉底得罪當時雅典的統治者，被處以藐視神明和腐蝕年輕人道德的罪名被送上法庭接受審判。

蘇格拉底答辯，他沒有要任何人接受他的想法，只是提出質疑，以讓人們以理性爲依據來相信自己的信念。結果由 501 位市民組成的陪審團判有罪，但是正、反兩方票數相當接近。

蘇格拉底當時提出的質疑：

「鼓勵人們追求心靈和道德向善的人，判決他什麼刑罰是適當的？應該供養他一生才是！或者可以放逐作爲懲罰，問題是把我驅逐出城，我還是會這樣做。」

「不管我在哪裡，不提出質疑，我就活不下去，沒有省思的生活不值得而活。你們也可以對我處以罰鍰，可是我什麼也拿不出來，我不是有錢人。」

「既然我不能永遠活著，那又何必苟且偷生？活著不是目的，好好活著才是。我曾在雅典的法治下過著很好的生活，如今，如今我已準備好接受懲罰。」（直到最後一刻，還是充滿著哲學思辨，並說：痛苦與享樂只是一線之隔。）

喝下毒芹汁後，有人勸他慢一點喝，蘇格拉底：「要是我這樣偷生，自己看了都覺得荒謬。」

眞是偉大的大哲人啊！如明朝王守仁闡述的「知行合一」哲學觀方法；《論語·述而》「求仁而得仁，又何怨？」的「求仁得仁」！

···念念有慈

誠如蘇格拉底的遺言：未經檢視的人生，不值得而活？吾人每天是忙來忙去？還是盲來盲去？未經檢視／再檢視的人生，怎能悟出蘇軾〈定風波〉裡的「回首向來蕭瑟處，歸去，也無風雨也無晴。」

貳 柏拉圖的經典譬喻

一、柏拉圖與靈魂

柏拉圖是第一位提出靈魂的哲學家，是偉大的理想主義哲學家。柏拉圖的哲學核心問題的起點：「我們的感官經驗是不是真能引導我們走向真實？」

柏拉圖相信，我們在世間的所見所感，只是存在於另一個崇高靈魂界中完美形體的影子而已。

如世上存有許多普通的桌椅，但是都不完美，完美形體的桌椅是存在的，而且一直存在於某個地方。即使是個抽象的觀念，如公平正義和良善仁慈，也是以完美的形體存在於某個地方。那個地方是「靈魂界」，人類是來自那個「靈魂界」，須透過心智和精神的淬鍊，才能悟道這個完美。

二、洞穴寓言

柏拉圖知道有人會不同意上則有關靈魂的說法，因此他提出了經典的譬喻：洞穴寓言（Allegory of the Cave）。

洞穴寓言是柏拉圖為了說明其認識論，在《共和國》書裡第七卷，闡述好智者求真知／真理的歷程。寓言內容重點如下：

有一個洞穴，有向光的出口，洞穴中有一群人從未見過陽光。在他們背後上端有個洞口，他們的後上方不遠處有堆火，火與囚犯之間有一條高起的路，沿著路邊有矮牆，牆邊有人帶著各種東西經過，也有動物或其他物體過往。洞內被鎖住的囚犯不能從正面看到過往的人或物，只能從所面對的牆壁看到人或物越過屏幕似的短牆投射在牆壁上若隱若現的影子。

假使一個囚徒想盡辦法逃出洞穴，開始習慣陽光的照射，從陽光的照射下去認識先前所見到幻影的真實物體，逐漸體會影子與真實物體的差別，這人便算進入求真知的途徑。若能逐漸拋棄在洞穴裡所感染到的幻影、激情與偏見，若能從陽光照耀的世界裡很清楚地了解事物，便可進入智慧的實在世界，若更積極努力去體悟了解陽光，達到真知，便算進入了柏拉圖所認為的至真、至善與至美的理型世界（國家教育研究院，2000）。

念念有慈

1. 教育的隱喻（metaphor）涵義，以及其在教育上的價值？
2. 柏拉圖的洞穴寓言（Allegory of the Cave）之隱喻對教育的啟示為何？
3. 建議閱讀柏拉圖的《理想國》（*the Republic*）。

參 亞里斯多德的三段論

清晰思考的理論——三段論（Syllogism），一個敘述分成三段，以兩個前提假設（一個是概述，一個是明確敘述）出發，最後導向結論的方法。三段論要獲得正確結論，兩個前提假設必須真確，邏輯要站得住。如下：

每一隻貓都有四條腿

Kitty 是一隻貓

所以 Kitty 有四條腿

每一隻貓都有四條腿

Kitty 有四條腿

所以 Kitty 是一隻貓

所有的貓都是黑色

Kitty 是一隻貓

所以 Kitty 是黑色

念念有慈

1. 教師在課堂如何指導學生以「亞里斯多德的三段論」（Syllogism）應答？
2. 「亞里斯多德的三段論」對於參加教師甄試面試的運用技巧？

參考文獻

Jan Eukasiewicz（1981）。**亞里士多德的三段論**〔李眞、李先焜譯，第一版〕。商務印書館。（原著作出版年：1957）

John Hirst（2019）。**你一定愛讀的極簡歐洲史（終極答案版）：為什麼歐洲對現代文明的影響這麼深？**〔席玉蘋、廖桓偉譯，第一版〕。大是文化。（原著作出版年：2012）

國家教育研究院（2000）。**洞穴寓言 Allegory of the Cave**。https://terms.naer.edu.tw/detail/1307556/

第九章

死亡：《西藏生死書》

西藏諺語所說的：「明天或來世何者先到，我們不會知道。」
如果我今晚就去世，該怎麼辦？
（Sogyal Rinpoche, 1998）

　　有些著名的西藏禪觀大師，在晚上就寢時，會把杯子倒空，
杯口朝下放在床邊。他們從來不確定隔天是否會醒過來，還用得
著杯子。他們甚至在晚上就把火熄掉，免得餘燼在第二天還燒
著。時時刻刻他們都想到可能立刻就會死。

　　記得在臺師大心輔所進修時，金樹仁教授推薦我們閱讀這本書，轉眼也近 30 年了。期間也重新翻閱多次，作者索甲仁波切，啟示我們紅塵凡人面對死亡，如何學習藏傳佛教的豁達觀。不認識死亡，生命不會圓滿。建議大家可以好好閱讀全書，將對你人生面對死亡，開啟新一頁的認知。

　　茲摘錄幾則智語供討論與反思（Sogyal Rinpoche, 1998）：

　　索甲仁波切：

　　　　「自然中陰」是出生到死亡，是最重要的。這一世我們幸得人身，最重要和最應該做的事情是什麼？

　　索甲仁波切告訴我們，可以珍惜把握的就是「中陰階段」，此生該如何好好的將此階段發揮得淋漓盡致、活出精彩，是我們生為人，最重要的課題。好好與最愛的家人、親友珍惜當下，並活在當下吧！

●●●●念念有慈

1. 你認為活著的時候，生命的意義是什麼？
2. 「仁波切」意思是尊敬的、尊貴的。索甲仁波切就是尊敬的索甲之意。

　　龍欽巴如上師：

　　　　心有一個層面是它的根本基礎，稱為「凡夫心的基礎地」（the ground of the ordinary mind）。它是未開悟的，屬於心和心所（心的事件）的中立狀態，它是一切輪迴和涅槃的業及「痕跡」的基礎。

索甲仁波切進一步詮釋「凡夫心的基礎地」。

索甲仁波切：

它們就像倉庫，過去我們由於煩惱所造成的行為，其痕跡全被儲藏起來，有如種子一般。當因緣成熟時，這些種子就會發芽，顯現成生活中的環境和情況。請把這個凡夫心的基礎地想像成銀行，「業」就存放在裡面，變成印記和習氣。不管是正面或負面的，這些習氣很容易就被刺激和引發出來，並且繼續不斷地發生。由於經常重複，我們的傾向和習慣就變得越來越深，即使在睡覺時還是持續增加和累積力量。這是它們決定我們的生活、死亡和輪迴的方式。

一切眾生如果有類似的業，他們四周將會有一個共同的世界景象；他們所共有的這套認知稱為「業的景象」（karmic vision）。我們的業和我們所處的「道」，兩者之間有密切的關聯，這個事實也說明為何會產生不同的生命形式；譬如，你和我有基本的「共業」（common karma），所以我們都是人。

即使在人道裡，大家也都有自己的「別業」（individual karma）。因此，出生在不同的的國家、城市或家庭；每個人都有不同的成長過程、教育、影響因素和信仰，所有這些因緣（conditioning）就構成「別業」。

每一個人都是習性和過去行為的複雜集合體，因此不得不以自己的獨特方式來看事情。人類看起來很類似，但對於事情的認知方式卻完全不同，每個人都生活在自己獨特而分離的個人世界裡。

卡盧仁波切進一步以睡覺與作夢詮釋「別業」。

卡盧仁波切：

　　如果有一百個人睡覺和作夢，每個人在他的夢中都會經驗到不同的世界。每個人的夢境也許可以說都是真的，但絕對不能說只有一個人的夢是真實的世界，而其他人的夢都是虛幻的世界。依據不同業的模式形成的認知，對每個人來說都是真的。

　　卡盧仁波切的這番智語，開示我們：每個人的出生、家庭、成長、學習、社交……，都化為形上的思維，根深柢固，影響著每個人認知與行為。

念念有慈

1. 卡盧仁波切的「依據不同業的模式形成的認知，對每個人來說都是真的。」從事教育工作者，面對每一位學生，該如何重新再出發？
2. 關於「共業」（common karma）與「別業」（individual karma），在教育上給了我們什麼啟示？
3. 建議大家好好的閱讀《西藏生死書》，對於生命教育的完整當有所助益。

參考文獻

Sogyal Rinpoche（1998）。**西藏生死書**〔鄭振煌譯，第一版〕。張老師文化。（原著出版年：1992）

第十章

關於知識論「理性主義」與
「經驗主義」的觀點立場

2002 年蕭煌奇作詞作曲的〈你是我的眼〉：
「如果我能看得見，就能輕易地分辨白天黑夜……
眼前的黑不是黑，你說的白是什麼白……」

笛卡爾的「cogito」：
「我思故我在。」
（Cogito, ergo sum; Je pense, donc je suis.）

休謨《人性論》：
理性對於我們的情感和行為沒有影響。

　　知識論／認識論，都是探討人是如何獲得知識，或認識這個世界萬事萬物的理論哲學。康德之前的哲學家對於「認識」的問題，大致上分成兩大觀點與立場，一派是「理性主義」（Rationalism），另一派是「經驗主義」（Empiricism）。

　　教育的傳承需要靠知識，因此本章將好好地探究一下「理性主義」與「經驗主義」，並且進一步了解康德是如何折衷、化解兩派的衝突。

壹　理性主義

　　「理性主義」（Rationalism）代表哲學家有笛卡兒、史賓諾莎、萊布尼茲等人，主張：感覺和經驗並非知識的來源，只有理性才能認清事物的本質，理性本身不會產生錯誤。

　　笛卡兒反對崇尚權威，理性才是唯一能決定「正確觀點」的法官。崇尚懷疑，是發現真相的方法。為了驗證真理，須對所有的事物抱持懷疑，應該對日常生活所有理所當然的一切提出質疑，直到找出毋庸置疑的真理。對於感官帶來的感覺，時常欺騙人？為什麼？感官並非獲得知識可靠的來源，因此笛卡兒不接受「感知就是現實」的原因了。

　　在此特別提出「笛卡兒式妄想」，以「作夢」這件事，每個人或多或少都有過，回憶一下，一定有個夢讓你認定它是真實的，但是醒來才知道原來是在夢中。更甚者，還有人做的是「夢中夢」，夢醒時分，仍不知自己還在夢中。

　　關於「笛卡兒式妄想」，當代哲學者會推薦看電影《全面啟動》（Inception），是一部於 2010 年上映的美國科幻動作驚悚片，該劇情是一些人能夠進入別人的夢境，進入第一層夢境、第二層夢境，甚至進入第三層夢境，讓作夢者以為自己身在現實的故事。當電影即將結束，你仍分不出是夢境還是現實。另一部電影《四海兄弟》（Once Upon a Time in America）是一部 1984 年義大利與美國合拍的史詩犯罪

劇情電影，也有「笛卡兒式妄想」呈現。

　　笛卡兒的一切懷疑，最終發現一個眞理，那就是「我思故我在」。

念念有慈

1. 有人小時候尿床的經驗，就是把夢境視爲眞實所致。
2. 笛卡兒的這種懷疑，有稱爲「笛卡兒式妄想」，關於此你想說的是？
3. 你怎麼知道此刻在閱讀本書的你是眞實？還是在夢中？是莊周夢蝶？還是蝶夢莊周？

　　笛卡兒認爲人類應該可以使用數學的方法，也就是理性，來進行哲學思考。提出「天賦觀念論」（Innate Ideas）與「理性演繹法」（Deductive Reasoning Method），認爲上帝存在的觀念、數學原理、邏輯規則、道德原則都是從人們所普遍承認的天賦觀念出發，經過嚴格邏輯推演，就可以獲得知識，甚至眞理，康德稱此爲「獨斷論」（Dogmatism）。

貳　經驗主義

　　「經驗主義」（Empiricism），代表哲學家有培根、洛克、休謨等人，主張：一切觀念都是從經驗認識中抽象概括出來的，經驗是知識唯一的來源。人類所知道的一切除了邏輯與數學，都以感覺材料爲依據。理性若不依賴感覺和經驗，就不能給人類以現實的知識，康德稱此爲「懷疑論」（Skepticism）。亦即，懷疑一切知識的基石。

　　洛克與休謨被稱爲「現代經驗主義之父」，異口同聲：「理性不是知識的來源。」洛克認爲「經驗」，亦即「感知」才是知識的起源和

極限（地板和天花板）。吾人只能認知到我們能夠感受到的東西，對於無法感知的東西，吾人一無所知。亦即，我們腦中的想法是由「外在經驗」（對世界的感知）和「內在經驗」（對自己思想的感知）組合而成。

對於吾人如何確定感知到的觀念是正確的呢？洛克提出了「實體」應該區分成「初性」（primary quality）與「次性」（secondary quality）。

「初性」（primary quality）係指吾人可以完全確定無誤的東西。如眼前的手機、筆電、保溫杯等。因為吾人可以確定描述它們的大小與尺寸。

「次性」（secondary quality）係指顏色或聲音等屬性，這些屬性不是「實體」，是實體對感官造成的影響而已。

關於「次性」，舉個「顏色」為例來說明。留意夜間室內的一個晚會活動，舞台上的人衣服的顏色，隨著燈光不同的投射，吾人見到的顏色隨之改變。為什麼？其實答案已經早被證實，因為一個東西所產生的色差，決定於吾人眼睛裡的視網膜與大腦，視網膜似教室內的螢幕，東西的影像會透過瞳孔與水晶體反射到視網膜上，但是人的一切感官行為，最後決定權在腦，視覺也不例外。白天看是綠色樹葉，深夜沒有燈光的時候再去看看葉子，還是綠色嗎？

人腦為這個世界的萬事萬物著色，是為了幫助吾人區辨東西，如此對人非常有利，感謝宇宙的主宰吧！沒有祂的傑作，如何區分出是大海還是火海啊？那生命的安全威脅會多大呢？

蘇格蘭哲學家休謨提出另一種理論，判斷何時吾人感知到的觀念是正確的。他的論述是：「吾人感知獲得的觀念必須先審視這個觀念是否有『印象』（impressions）。」亦即，吾人內在或外在的感知。簡言之，必須要能感知得到的，才是正確的。

💬念念有慈

1. 看來「理性主義」與「經驗主義」不只是光譜的兩端，更是「冤家、死對頭」，如果了解西班牙足球史，這兩派主義，猶如西班牙皇家馬德里（Real Madrid）／簡稱皇馬與巴塞隆納（Barcelona）／簡稱巴薩（Barça），彼此是世仇。

2. 有關「顏色」的延伸閱讀，建議「色彩恆常性：你看到什麼顏色的洋裝」（謝伯讓，2015）資料。

3. 建議延伸閱讀休謨《人性論》（*A Treatise of Human*）的「印象優位原則」（The principle of the priority of impressions）。

笛卡兒的觀點認為，牛頓體系在解釋宇宙結構和運動方面，已經表明人類的理智可以獲得關於世界的可靠知識。但是，洛克、休謨等則認為，人類在感覺基礎上形成的經驗，根本不可能把握這個世界的真實存在。

💬念念有慈

關於「理性主義」與「經驗主義」對認識的觀點不同，你想要說的是？

英國哲學家羅素也是數學家，因此對於兩造極端思維產生的觀點立場迥異，他建議宜採科學的態度，實事求是，對於不知的事情，應該的態度是「個人覺得應該是這樣或那樣，但我不能確定。」或「關於此事我不是很明白，但是我想了解。」類似《易經》的陰陽智慧道理──不一定。

參 關於「理性主義」vs.「經驗主義」康德的觀點

康德於 1781 年的巨作《純粹理性批判》（德語：*Kritik der reinen Vernunft*）（也是三本經典批判最厚實的一本），調和了兩派主義的矛盾的第三條中間路線：這個世界可分為「物自體」（德語：Ding an sich，英語：Thing-in-Itself），與「現象界」（德語：Erscheinungen）物自體：事物本身不可知；現象界：可以被人類所認識的。

念念有慈

1. 康德的論述，也成為宗教及易經、命理學等存在的重要支柱。想一想，宗教、易經⋯⋯的發展歷史有多長久了，而科學的歷史才多久？科學之外的物自體，人類是一無所知的／不可知的。無怪乎，科學家們會說：「這個世界是由物質組成，但是物質以外的世界，我們一無所知。」

2. 康德講述哲學的四大主題：「我們能認識什麼？」「我們應該做什麼？」「我們能夠期望什麼？」「人是什麼？」

1781 年的《純粹理性批判》回應了第一個主題，康德將「理性」分成「理論理性」（Theoretical Reason）與「實踐理性」（Practical Reason），而純粹理性就是理論理性，亦即獨立於一切經驗的理性，通過理性的有限範圍去認識；「批判」原意是「嚴謹的思考」就是分析。簡言之就是通過純粹思辨對理性進行考察。

在康德看來，人類只能認識被人類心靈捕捉到的那部分現象；而不能認識到真實存在本身及其規律性；知識不再由物件所決定，而是物件由我們的認識能力所決定。人類認識的世界並非世界本身，而是能被我們所認識的世界。

　　客觀的認識必然性與普遍性並非源自客體，而是源自認知主體，也就是人本身。有一些先天條件在邏輯先於經驗又決定經驗，這就是「先驗」（A priori）。

　　綜上所述，康德完成了認識論上的「哥白尼革命」，這一革命的核心正是「人爲自然界立法」（張明明，2015）。

　　爲什麼稱爲「哥白尼革命」（Copernican Revolution）？因爲在康德之前，人的觀念需要圍繞著對象符合對象，這種思路類似於太陽要圍繞著地球轉，但是康德指出，不是觀念要符合對象，而是對象須符合觀念。世界是人類根據自身的認識條件所認識的世界，康德的革命類似於指出了地球是圍繞太陽轉。

　　康德純粹理性的威力直接波及上帝，人們靠感官捕捉到的影像不能代表眞實世界，而只能代表太虛幻境。人們用有限的感官功能去體察上帝和靈魂存在，無異於痴人說夢話，沒有人有權利可以武斷地承認上帝的存在。

　　雖然康德用理性否定了上帝，卻又決定用實踐理性使上帝被接受。1788 年的《實踐理性批判》回應了第二與第三個主題，主要強調人的道德行爲，也就是理性在道德上的功能。實踐理性要高於純粹理性，人的認識最終還是要爲道德服務。實踐理性要想讓道德行爲成爲可能，必須肯定三個假設：人的自由、靈魂不死、上帝存在。此三個假設將人的道德價值提高到自我與上帝的高度，也就是康德所謂的「道德形而上學」。書中，康德主要討論了倫理學問題，闡明了人的倫理行爲的動力和規範，從倫理道德和信仰的角度說明設定上帝存在、靈魂不滅和意志自由的意義。

　　1790 年的《判斷力批判》回應了第四個主題。實踐理性會影響純粹理性，道德會影響人的知識，自由必定影響了必然。而《判斷力批判》就旨在解決前兩個批判中闡明的必然和自由之間的對立。溝通純粹理性和實踐理性的橋梁，訴諸以審美，就叫作判斷力，判斷力在美學和

自然界的作用，正式把必然和自由結合起來達到最後的和諧。人，理性完整的人，把純粹理性與實踐理性統一起來。

　　康德大學畢業到 1770 年，稱為「前批判時期」，此時康德專研牛頓力學、自然科學，受萊布尼茲哲學影響很深。

　　1770 年到完成三大批判，稱為「批判時期」，此時康德專研認識論、倫理學和美學，並對獨斷論展開了批判。

　　盧梭的思想：「人類的思想之上還應有著人類的尊嚴、權力和自由，如果一個思想者的思想不能幫助人類確立自身的權利和自由，那他什麼也不是。」深深影響著康德，從此放棄純粹思想之說。準此，牛頓的自然科學體系、盧梭的自由學說，幾乎影響著他的哲學課題。

⚬⚬⚬ 念念有慈

1. 哥白尼（Nicolaus Copernicus, 1473-1543），波蘭人，以「地球為宇宙中心」的學說，倡議「天體運行論」，一切天體的運行，都是圓周式的圍繞著一個中心運轉，此中心很接近太陽。此一學說被視為自然科學的一大革命，促成科學研究方法的革新，以及建立人類新的宇宙觀。

2. 只要對人類科學、文化……等發展所締造的輝煌成就，不論是何領域，如有哥白尼般的突破與創新，產生有如哥氏般的影響與貢獻，便稱為「哥白尼式的革命」（Copernican Revolution）。

3. 舉個列子，「哥白尼式的教育革命」，係指西洋教育史上由盧梭（Jean Jacques Rousseau）所引發的哥白尼式的教育思想革命及其運動。盧梭是近代自然主義教育（Naturalistic Education）的倡導者，奠定兒童中心（Child-Centered）的教育理論基礎，而被尊為「近代兒童之父」。因此，盧梭提倡自然主義的教育學說，並極力推展自然教育的運動，將傳統以教師權威、書本教材及管教訓誨為

中心的教育作了大轉變，建立一套與傳統教育迥然不同的教育模式與實施計畫，對後來教育發展的影響，至深且巨。如民主主義教育、進步主義教育、自由開放教育等的推動，可以說是源自盧梭的自然教育學說與精神。由於盧梭教育學說的原創性、革新性及影響性，可與哥白尼相媲美，是以稱為「哥白尼式的教育革命」（國家教育研究院，2022）。

康德提出「二律背反」（Antinomy），係指關於一個問題，雙方各形成了自己的學說，兩種學說相互矛盾，但卻各自成立，類似我們日常口語的「公說公有理，婆說婆有理。」

《純粹理性批判》列舉出四組「二律背反」：

1. 正題：世界在時間上有開端，在空間上有限；反題：世界在時間上和空間上無限。
2. 正題：世界上的一切都是由單一的東西構成的；反題：沒有單一的東西，一切都是複合的。
3. 正題：世界上有出於自由的原因；反題：沒有自由，一切都是依自然法則。
4. 正題：在世界原因的系列裡有某種必然的存在體；反題：裡邊沒有必然的東西，在這個系列裡，一切都是偶然的。

為什麼有「二律背反」？康德認為是因為人沒辦法認識物自體，人的認識由「感性」階段進入「知性」，最後進入「理性」。感性通過感官感受，知性通過先天的綜合判斷，都可以認識現象世界，如人通過感性知道萬物的顏色、味道、大小等；通過知性掌握萬物的概念和範疇。但是這一切只是認識到現象世界，無法把握本質的世界，即物自體。理性不滿足於感性和知性的能力限制，於是追求著無限永恆的物自體。可惜，理性在認識時超越自己的經驗界限，企圖通過有條件的、相對的現

象知識去認識宇宙理念或物自體時，依據普遍承認的原則建立起來的兩個命題就會必然出現矛盾衝突，也就產生了「二律背反」。講得更簡單就是，人的認識只能限於現象世界，物自體對人來說，永遠不可知。舉個例子，正常視力的人看綠色與色盲的人所見會不同。

叔本華是康德的粉絲，曾經說過：「想當哲學家，首先須得做康德門徒，不知康德者，只能算個蒙童。」

康德一生未婚，80 歲時靈魂奔向上帝報到。

🗨 念念有慈

如果你接受了康德的「二律背反」（Antinomy），此刻起，你在看待這個世界或周遭的人、事、物時，該以什麼視域再出發？

肆 經驗主義洛克的觀點「我也是」等於「我喜歡」嗎？

洛克認為，我們腦中的想法是由「外在經驗」（對世界的感知）和「內在經驗」（對自己思想的感知）組合而成。

妳／你怎麼知道妳／你的「喜歡」跟對方所謂的「喜歡」是同樣的概念？用相同的詞彙就是代表一樣的意思？妳／你怎能確定對方完全理解妳／你的意思？妳／你們有相同的感覺？

弗雷格（Frege）[1] 不能接受語言的模糊曖昧，認為數學語言很完美，因為每種意義都有對應符號，不可能混淆。但是語言並非如此。

泰國餐廳的「月亮蝦餅」；中國揚州菜「獅子頭」；臺中「太陽餅」……。為解釋這種語言造成的混淆，弗雷格創造了「意義」和「指涉」兩個術語。「意義」係指我們表達這個對象的不同方式。「指涉」係指我們用符號來指定討論的對象。

舉個例子：

「親愛的」和「寶貝」都「指涉」妳／你的「另一半」這個對象，因此妳／你可以放心親吻妳／你的「另一半」，因為「我也是」與「我喜歡」指涉的是同一對象。亦即，妳／你們彼此產生的那種情愫，讓身邊人感到言行「暫時性停滯」的強烈情感。

弗雷格還利用「意義」和「指涉」的區別來分析那些沒有參照物的名詞，如粉紅豬小妹（Peppa Pig）的筆記本。如果一個詞彙必須有參照物才顯得有意義，那麼當妳／你的孩子／學生跟妳／你說：「我的生日禮物想要一本粉紅豬小妹的筆記本」，妳／你就會聽不懂孩子／學生在說什麼了。所以，這些名詞就算沒有參照物，也是有意義的。因此對弗雷格來說，詞彙的含意除了指涉，也包含了可能的意義。

關於此，羅素（Russell）[2] 與其學生維根斯坦（Wittgenstein）[3] 對於「語言本質」與「詞彙含意」提出了觀點。

羅素的認知裡，「詞彙」的意義只是作為參照，當你講話時，你描述的是世界上發生的事。如果你描述的事情是以事實為參照，那就是真的；如果不是以事實為參照，你的陳述就是假的。如「現任美國總統拜登（Joe Biden）很年輕」是假陳述，因為不符合現實。

羅素將知識分為「個體之知」與「命題之知」兩類型。

「個體之知」係指透過直接接觸已知物體而獲得熟悉與理解。如「我的同事蔣真話認識大谷翔平」。這類型的知識需要感官來提供輔佐資訊。

「命題之知」係指透過某個來源或推論而獲得。如「我的同事蔣事實知道大谷翔平是日本岩手縣人」時，我並不是說蔣事實有這個榮幸親自見到大谷翔平這位球員，而是表達蔣事實知道他的陳述是正確的。

綜上所述，在語言中，一個「詞彙」的意思，是它所指涉對象的直接知識。亦即，是你對該物體或對象在記憶中的觀感、資訊，以及你印象中的經驗和體驗。如「麻辣大腸豆腐鴨血湯」這個詞，你會賦予它你

對這道菜的回憶：很喜歡，吃光光；不喜歡，還是吃完。每個人對「麻辣大腸豆腐鴨血湯」有著不同的記憶！有人可能是最愛；有人可能是「創傷症候」。

當「我喜歡你」說出口時，唯一能夠了解真正涵義的人，只有你！你的語言描述了只有你本人才能理解的內在體驗。所以請好好做好準備，因為在一段正常關係中，無論多麼喜歡，彼此也不會以同樣方式理解「喜歡」，很可能會牛頭不對馬嘴。如果你們為此爭吵，切記，就算使用相同的字彙，也可能指涉截然不同的情況。

當另一半對妳說「我喜歡妳」，他指的是對妳的某種感覺，包含了他過往成長的經歷。另一方面，如果關係惡化，對方指責妳沒有回應同樣的喜歡，切記，妳永遠可以在羅素的觀點中找到完美的理由。不過要小心，妳得先確認對方沒有讀過維根斯坦的著作，這位學生可不是認同他老師羅素「個人語言」這套理論（Eduardo Infante, 2021）。

維根斯坦的觀點，語言不單純由說話者才能理解的詞彙所組成，也不單純出於當下個人的感覺，如果真是如此，那怎麼可能透過語言互相理解？個人經驗的存在，並不代表個人語言的存在。如果用這種方式定義感情，那麼我們在交談時根本無法互相理解，但是現實並非如此。

維根斯坦提出「圖像理論」（the picture theory）來理解語言的運作，語言是對世界上東西的象徵，就像照片象徵了人物，地圖象徵了地區，或樂譜象徵了旋律。象徵是一種事實，替代或反映了另一種現實。說話就是利用語言描繪出現實的模型。

維根斯坦對於巴黎法院使用玩具車重演交通事故的新聞，提出：「人類到底是如何用語言描述世上發生的事？」他認為，語言的邏輯結構和世界的邏輯結構相似。因此，沒有任何邏輯的形象不能象徵任何事物。當妳對另一半說「我喜歡你」時，表示妳用語言描繪了對他的喜歡之意。他回答「我也是」時，是發自他內心深處對妳的喜歡之意。

如果妳／你認同維根斯坦的「圖像理論」觀點，維根斯坦提供另一

種觀點「遊戲」，語言不僅可以用來表達世事，還可以用來說笑話、禱告等。

語言的本質不是邏輯結構，而是功能。這是維根斯坦用新的形象「遊戲」來解釋他的想法：遊戲是由規則和用途來定義的。如象棋的定義並不取決於材質、大小、顏色，而取決於遊戲規則和如何移動，語言也是如此。

維根斯坦以西洋棋的棋子去玩別的遊戲或者發明新遊戲；同理，詞彙也一樣，我們可以賦予一個詞彙不同的用法。如果「我也是」這句話是在你告白之前就冒出來，你該先評估一下，這個回答是否含有說謊？敷衍？應付？欺騙？同情？等成分在內，否則你很可能遭到對方轉頭閃避，搞得你一臉尷尬！

註

1. 弗里德里希・路德維希・戈特洛布・弗雷格（德語：Friedrich Ludwig Gottlob Frege, 1848-1925），德國數學家、邏輯學家和哲學家，數理邏輯和分析哲學的奠基人。1920 年赴中國北京大學教學一年。
2. 伯特蘭・亞瑟・威廉・羅素，第三代羅素伯爵（Bertrand Arthur William Russell, 3rd Earl Russell, 1872-1970），英國哲學家、數學家和邏輯學家。
3. 路德維希・約瑟夫・約翰・維根斯坦（德語：Ludwig Josef Johann Wittgenstein, 1889-1951），奧地利哲學家，生於奧地利，後入英國籍，二十世紀最有影響力的哲學家。

參考文獻

David Hume（2002）。**人性論（精選本）**〔關文運譯，第一版〕。商務。（原著出版年：1739）

Eduardo Infante（2021）。**街頭的哲學：29 個熟悉的生活情境，看見每個決定背**

後的倫理和邏輯！〔黃新珍譯，第一版〕。漫遊者文化。（原著出版年：
　2019）

國家教育研究院（2000）。哥白尼式的教育革命。https://terms.naer.edu.tw/
　detail/1308127/

張明明（2015）。歡樂哲學課。天下文化。

謝伯讓（2015）。色彩恆常性：你看到什麼顏色的洋裝？https://pansci.asia/
　archives/76012

Eduardo Infante (2021). *Filosofía en la calle*. Azoth Books Co, Ltd.

第十一章

意識

意識是我們生活中最熟悉又也是最神祕的祕境。

清朝順治皇帝的出家偈：
「來時糊塗去時迷，空在人間走一回；未曾生我誰是我，
生我之後我是誰。長大成人方知我，合眼矇矓又是誰；
不如不來亦不去，亦無煩惱亦無悲。」

人的意識與宇宙有關係，
但不僅僅是物質世界層面的關係。

壹 「意識」從何而來？從何而去？

人的意識來自哪裡？人死後，意識哪裡去了？意識是來無影去無蹤嗎？

關於這個大哉問，除了佛教有肯定的觀點論述外，心理學、生理學、哲學、現代科學也在努力思考這個「艱難問題」（hard problem）的大哉問。

「意識」（consciousness）是人類個體對其內部和外部存在的感知或認識（維基百科，2022a）。從此參考定義，不禁要問，人的意識是大腦主動生成的嗎？還是人大腦接收到外在東西後產生的訊息？如果意識不是大腦生成的，那麼意識可以獨立肉體而存在？主觀意識如何從客觀的大腦活動中產生？亦或是意識有不同的層次、秩序、種類的意識？或只是一種具有不同特徵的意識？是否只有人類或所有動物，或者整個宇宙的物種都有意識？

關於此，讓我們看看科學家，特別是量子物理學家，是如何看待「意識」這個大哉問。

德國量子物理學家馬克斯・普朗克（Max Karl Ernst Ludwig Planck, 1858-1947）（大紀元，2017）：

> 意識是一個根本問題，所謂物質只是意識的衍生物。我們人無法探究意識的根源。我們所言的萬物及所認為的一切存在都是以意識為基礎的。

匈牙利—美國理論物理學家及數學家尤金・維格納（Eugene Paul Wigner, 1902-1995）：

　　在不參照意識的情況下，不可能完全一致地用公式描述量子力學定律（張秉開編譯，2017）。

　　依據量子力學和天文物理的理論，提出生物中心論的理論的再生醫學專家羅伯特‧蘭薩（Robert Lanza MD）（Robert Lanza MD, Bob Berman, 2015）：

　　研究生命和死亡才是探索宇宙本質的正確方向，意識是超前於物質宇宙的存在。意識不會因為人的肉體死亡而消失，而是隨著人的死亡變換存在的位置，意識根本不是大腦的生成物。

　　弗吉尼亞大學的精神病學及神經學教授布魯斯‧格雷森（Bruce Greyson）（Bruce Greyson, 2021）：

　　現在科學侷限在所謂的物質世界，而不去探討精神世界，而人的意識卻是，實實在在的精神世界中的現象是非物質的。

　　美國醫學家傑弗瑞‧朗恩（Jeffrey Long）博士，在《神與來世》（*God and the Afterlife*）指出（Long Jeffrey, 2016）：

　　基於 4,000 個瀕死體驗（NDE）病例證實，人能在大腦毫無生理功能的情況下，看到、聽到甚至接觸到真實的景象。甚至很多人（包括無神論者）得到神的指示，並能在瀕死之後，回憶當時的所見、所想、所聽及所感受的情景，而且其生活觀和世界觀在重生後發生很大改變。

念念有慈

量子物理學家透過量子理論中的雙縫干涉試驗（the quantum double slit experiment），說明人的意識決定研究者所能看到的結果。亦即，研究者在製造所謂的現實。

貳　再次思考幾個關於意識的大哉問

提問一：人類和其他動物對痛苦和愉悅刺激的反應在本質上相同？

提問二：人是否為這個世界上唯一有意識的物種？其他物種是否有意識或痛苦感受？

提問三：意識是否有演化的產物？如果是，何時演化出來？

提問四：意識可以測量？還是意識只是幻覺？

念念有慈

1. 關於上述四個提問，你想說的是？

2. 十七世紀的法國哲學家笛卡兒認為，其他生物只有反射動作，你的看法？

　　1974 年美國哲學家湯瑪斯・內格（Thomas Nagel, 1937-）提出著名哲學問題：「身為蝙蝠，有何感受？」以蝙蝠比擬，因為牠們生活的方式和人類非常不同。如果蝙蝠沒有感受，我們就可以說牠沒有意識；如果蝙蝠有某種感受，牠就有意識。那蝙蝠究竟有沒有感受？（Thomas Nagel, 2002）或者我們可以說大多數動物是有意識的，但是這並不表示牠們有意識經驗（我們仍無法知道清醒的蚯蚓或蜥蜴的主觀感受）

（Susan Blackmore, 2018）。

研究顯示，人出生時就有意識，意識產生於神經系統，是人的神經反應，自我感受、自我存在感與對外界感受的綜合體悟。亦即，意識的基礎是人的自我意識與對自身認知能力、對自身行使能力的綜合認可。

⋯念念有慈

1. 我認為我的意識存在，我就是有意識嗎？
2. 我認為我的意識不存在或未必存在，我就沒有意識嗎？
3. 人的意識生成於神經系統，因此不論自身是否感知到或自身是否認可，意識總是存在？

參 法國存在主義哲學家沙特與卡謬怎麼說

一、沙特的意識觀

沙特認為「人的原型」，也就是所謂的「人的原初狀態」，是一連串獨立、片段、沒有意義、無從釋讀的一團意識，也就是嚴格定義下的「真實」。

「存在」（Being），就是從開始整理「原初狀態」的意識，開始以「虛無」取代「真實」。

「存在」的建構，需要在扭曲、排除、否定原初狀態的真實意識的前提下進行，將一團渾沌的意識分類、整理成為兩區塊：一是「自我」，另一是「外在世界」，進而發展出「自我」與「外在世界」。因此，原本「自我」與「外在世界」混合不分的直接意識就消失了。

原初狀態的真實中，沒有「主體」與「客體」之分，此時的意識直

接對應刺激，完全沒有任何條理、秩序與系統。人的神經元（neuron）一天平均接受一億五千八百萬個刺激，這些刺激產生的反應意識，就是「我」的全部。

但這樣的「我」是個無次序的意識集合，沒有系統、結構。因此，沒有對應外界「客體」的「主體」性質。所以這個世界就是一億五千八百萬個刺激的集合統稱。相對的也沒有任何一億五千八百萬個刺激之外的整理附加。因此，也沒有對應「主體」的「客體」性質。

「自我」開始於區別、分類、揀選、組織這一億五千八百萬個刺激與反應。區別、分類、揀選、組織「自我」時，人也就必然同時區別、分類、揀選、組織了「外在世界」。這是同一程序的一體兩面。整合完了，就出現一個「主體」，世界則是「主體」領受感知的「客體」。

沙特關於「意識原型」，稱建構前的為 "being-in-itself"；建構後的為 "being-for-itself"。"being-for-itself" 以 "being-in-itself" 為材料，予以加工重組。也就是 "being-in-itself" 要被取消，化為虛無，"being-for-itself" 才會顯現。須將 "being-in-itself" 化為 "nothing"，才能從 "nothingness" 中產出 "being-for-itself"（Jean-Paul Sartre, 2012）。

沙特關於「存在先於本質」（l'existence précède l'essence）的意涵為，人先有作為人的經驗，而不是先準備好了「本質」，然後按照規定「人該做一個什麼樣的人」。通俗的說，就不是像紅龜粿（閩南語「Âng-ku-kué」，客家語稱之為紅粄或紅印粄）模子的製作，一個接一個。

存在先於本質的「先」，不是「時間概念」的先後，而是「本體意義上」的先後。不是蛋生雞，雞生蛋的問題。「先」是邏輯上，「存在」是基底、是原生的；「本質」是基底本體上的一種衍生物。換句話說，「存在」是第一序；「本質」是需要依附在「存在」的第二序產物。

念念有慈

沙特認為人是「存在先於本質」（l'existence précède l'essence）；其他萬事萬物都是「本質先於存在」（l'essence précède l'existence）。

二、「意識」到「意識流」

「意識流」（stream of consciousness）是美國實用主義哲學家、心理學家詹姆斯（William James）創造出的名詞，用來表示意識的流動特性，個體的經驗意識是一個統一的整體，但是意識的內容是不斷變化的，從來不會靜止不動（百度百科，2022）。

因為「意識」的原初狀態是沒有邏輯結構的東西，而「意識流」就是要捕捉還沒有被整理之前的「意識」原貌。但是我們很難感覺到其中的差異，所以常常習焉不察、不自覺地將現實主觀地濃縮、簡化、賦予次序，並用文字記錄眼前的一切，覆蓋了原本的現實，此時原本在你腦海中雜亂、渾沌的「意識」的現實也就流失了。

從「意識」到「意識流」的角度觀看課堂上的教師與學生的教與學。

課堂進行中，教師必須專注於教學與授課內容，教師的意識被此教學占據，無法兼顧圓滿。這堂課，教師以一種線性時間的方式，很專注地工作著。但在另一方面，雖然學生和教師同在一間教室，表面看來也和教師做同樣一件事，但學生的意識不可能跟教師一樣，同樣的教師的意識也不會與學生一樣，就連學生間的意識也各自不同。教師與全班學生，每個人心中的意識如小鹿亂撞，教師與學生都無法掌握、控制自己的意識，課堂裡時間是錯雜的，過去、現在與未來重疊互激，具體與抽象、現實與想像，無法釐清。課堂中，教師與學生有多少時間能很專注於教與學？教師與學生有多少時間的意識是亂竄的？顯然地，「亂竄的」多於「很專注」。

••••念念有慈

從「意識」（consciousness）到「意識流」（stream of consciousness）的角度觀看課堂上的教師與學生的教與學，給予你的啟示是什麼？

三、卡繆的「我反抗故我在」

1951年卡繆（Albert Camus）名著《反抗者》（*L'Homme Révolté*）的經典名句「我反抗故我在」。

卡繆進一步將笛卡兒的哲學起點「我思故我在」，改成「我反抗故我在」。想一想，生命中、生活裡，我什麼時候開始存在？或我何時真正知覺、意識到自己的存在？

笛卡兒提供了答案「我思故我在」：「當我們懷疑這個世界所有東西存在的真實性，但是我確認不能懷疑自己正在懷疑的這個事實。」這是存在的起點，存在退無可退的懸崖邊。

卡繆不這麼同意，提出「我反抗故我在」：在我成為「反抗者」之前，在我找到自身絕對不容侵犯、掠奪的特性之前，我的存在是一種普遍式、庸眾式的存在，沒有個性的假存在。要到了我感受到一股絕對的說「不」的衝動，才在那當下清楚浮顯出我的真實自我、真實存在。亦即，我需要經過「反抗」才真實感受到自己的存在。卡繆將「反抗」分成「形上的反抗」與「歷史的反抗」（Albert Camus, 2014）。

㈠形上的反抗

所謂「形上的反抗」，卡繆釋義為反抗行為在形上的、超越具體物質條件之上，決定了人的存在原理。

楊照（2014）：

　　「形上的反抗」在說「不」的瞬間，你不知道接下來會發
生什麼事，也無從計畫「反抗」之後會如何、又該如何。那份
「反抗」的衝動是直覺的、純粹的，出於形上的生命原則，是
在事件當下，針對事件產生的「人的反應」。「反抗」沒有計
算、沒有目標、更沒有預想的過程，「反抗」是非時間的，當
下、瞬間，有原則、有行動卻沒有發展、沒有過程，也就是沒
有歷史。

　　舉三個歷史偉人，以理解卡繆所謂的「形上的反抗」：

　　岳飛（1103-1142），於北宋末年揮師北伐，先後收復鄭州、洛城
等地，又於郾城、潁昌大敗金軍，進軍朱仙鎮。宋高宗以十二道金牌下
令退兵，岳飛在孤立無援之下被迫班師。岳飛遭受秦檜、張俊等人的誣
陷，被捕入獄。紹興十二年（1142 年 1 月），岳飛被以「莫須有」的
謀反罪名，迫令其自盡。

　　文天祥（1236-1283），寶祐四年（1256 年）在殿試中由宋理宗欽
點為狀元，官至右丞相。宋亡後，於五坡嶺兵敗被俘，寧願死也不願
降，被元軍俘至大都（今北京），忽必烈親往勸降，文天祥寧死不屈，
至元十九年十二月初九（1283 年 1 月），在柴市從容就義。

　　謝晉元（1905-1941），畢業於黃埔軍校第四期，1937 年淞滬會戰
前夕，隨部自無錫開赴上海參加抗戰。最後終於奉命留下一個團，死守
閘北。1937 年 10 月 26 日，謝晉元以團附身分奉命死守蘇州河北岸的
四行倉庫，最後不降，從容就義。

　　三位歷史偉人的義行反抗，就是「形上的反抗」是多元、由每個人
在自我生命底層各自完成的。

(二) 歷史的反抗

所謂「歷史的反抗」，卡繆釋義爲「反抗」落實在具體現實條件中，成爲反抗的行爲，有了反抗的組織、反抗的目標，亦即「革命」。

卡繆認爲「歷史的反抗」是「形上的反抗」的墮落，不但沒有幫助完成「形上的反抗」，甚至會破壞「形上的反抗」。因爲「反抗」都是一個個當下的自我主張與自我維護，它沒有系統與組織。然而爲了讓「反抗」能得到結果，會將「反抗」組織化、系統化，讓「反抗」有策略、有步驟，也就是有了「反抗」的時間歷程與歷史，於是「形上的反抗」就墮落爲「歷史的反抗」（Albert Camus, 2014）。

卡繆如是觀：「人們有權享有的幸福，靠反抗才能獲得；轉身反抗不公不義，你才由奴隸變成自己！」「在荒謬經驗中，痛苦是個體的；一旦產生反抗，痛苦就是集體的，是大家共同承擔的遭遇。反抗，讓人擺脫孤獨狀態，奠定人類首要價值的共通點。我反抗，故我們存在。」

> 或許每個世代內心懷抱著改造世界，我的世代知道在這個世代是無法做到，而他的任務或許更大，在於阻止這個世界的崩解。
>
> ～1957年卡繆諾貝爾文學獎得獎演說

念念有慈

烏克蘭抵抗俄羅斯的戰爭，是形式的反抗？還是歷史的反抗？

四、卡繆的《薛西弗斯的神話》

卡繆的《薛西弗斯的神話》（*Sisyphus the myth*）是三篇論述「荒謬」的主題：〈荒謬的推理〉、〈荒謬的人〉與〈荒謬的創作〉。全文一直提到「荒謬」，也同時提到「誠實」。

第一章〈荒謬的推理〉論述什麼是「荒謬」（absurd），協助吾人看到「荒謬」。「荒謬」最荒謬之處，是它藏在正常裡，甚至取代了正常讓我們以為那就是正常。

為什麼是「荒謬」？因為人在最切身、最根本的存在上，積累了無數謊言。而這些謊言中，最嚴重的欺騙是騙自己。人編織了各式各樣的謊言來遮掩，不讓自己認識清楚生命中最重要的事。你說這不是「荒謬」？什麼才是「荒謬」？

卡繆的《薛西弗斯的神話》確實帶有濃濃的悲劇風。為什麼是悲劇風呢？書中敘述著薛西弗斯（sisyphean）明知道自己推石注定失敗，上了山注定要再下來。你說這不是悲劇？什麼才是悲劇呢？但是如果薛西弗斯心存希望，認為自己會成功的希望陪伴著他推石上山，那怎麼算是「悲劇」呢？

卡繆書中所謂的「悲劇」，是古典希臘悲劇。古典希臘悲劇是最難理解，也最常被誤會的。什麼是「古典希臘悲劇」？

對古希臘人來說，並不是有什麼倒楣的事會發生在你身上，如車子路上拋錨、失戀、親人離世、意外喪命等，就是「悲劇」。「古典希臘悲劇」出於人與宇宙的主宰與命運之間的關係。命運最大、最可怕，連宇宙的主宰都無法抗拒命運的操控。而人受命運操控之外，還要被宇宙的主宰操弄，有時是人得罪了宇宙的主宰，有時只是宇宙的主宰不小心拿磚塊砸錯人。人的生活遭遇，有太多不是自己能夠決定、能夠掌握的。一切都是命，萬般不由人。

　　但是「古典希臘悲劇」要表達的是人之所以為人，就在於即使知道無法決定、無法掌握，還是要盡力去決定、去掌握自己的生命。盡人事、聽天命；人定勝天。不只是知其不可而為之，還是為之而不斷地被提醒「知其不可」。順著這樣的「悲劇觀」，卡謬引用了有名的「古典希臘悲劇」：伊底帕斯的故事（有關此故事不再此贅述）。

　　卡謬認為：「現代人每天做一樣的工作，其命運並不見得比較不荒謬。」在某個意義上，我們都是薛西弗斯，朝九晚五，反覆做同樣的事。我們和薛西弗斯有何差異？或許我們的工作不會沾到泥灰，也不用搞的面目猙獰扭曲，但是這不是真正的、重要的差異。

　　真正的差異在於我們不曉得也不願承認自己是反覆徒勞的。我們帶著成功的希望，欺騙自己每天做的事都有意義。我們的荒謬在於不知道、不承認生活的荒謬。因此，我們的生命終究沒有了薛西弗斯看著石頭落下、誠實面對徒勞無望的那一刻，也就不會有薛西弗斯的那份誠實與勇敢，就連薛西弗斯終極的那份「快樂」都無法擁有（Albert Camus, 2015）。（註：經卡謬的分析，「我們必須想像薛西弗斯是快樂的」。）

⬤⬤⬤⬤ 念念有慈

薛西弗斯（sisyphean），是希臘神話中一位被懲罰的人。他受罰的方式是：必須將一塊巨石推上山頂，而每次到達山頂後巨石又滾回山下，如此永無止境地重複下去。在西方語境中，形容詞「薛西弗斯式的」（Sisyphean）形容「永無盡頭而又徒勞無功的任務」（維基百科，2022b）。

肆 《般若波羅蜜多心經》

　　《般若波羅蜜多心經》譯本中，當屬唐三藏法師玄奘所譯最為廣傳。作者出任校長時，師父 陳世昌校長（時任臺北市立成淵高中校長），在學校交接典禮上，親臨並致贈《般若波羅蜜多心經》金箔，祈福校長之途順遂與生命圓滿。

　　《般若波羅蜜多心經》共二百六十字，前為經後為咒。遇人生「坎」時，邁過之大智。茲將全經文引用如下，藉以理解佛教對「意識」的觀點：

> 　　觀自在菩薩，行深般若波羅蜜多時，照見五蘊皆空，度一切苦厄。舍利子！色不異空，空不異色；色即是空，空即是色，受想行識亦復如是。舍利子！是諸法空相，不生不滅，不垢不淨，不增不減。是故，空中無色，無受想行識；無眼耳鼻舌身意；無色聲香味觸法；無眼界，乃至無意識界；無無明，亦無無明盡，乃至無老死，亦無老死盡；無苦集滅道；無智亦無得。以無所得故，菩提薩埵。依般若波羅蜜多故，心無罣礙；無罣礙故，無有恐怖，遠離顛倒夢想，究竟涅槃。三世諸佛，依般若波羅蜜多故，得阿耨多羅三藐三菩提。是故：般若波羅蜜多是大神咒，是大明咒，是無上咒，是無等等咒，能除一切苦，真實不虛。故說般若波羅蜜多咒，即說咒曰：揭諦揭諦，波羅揭諦，波羅僧揭諦，菩提薩婆訶。

　　《心經》可以視為《金剛經》的簡易版。全文共二百六十字，精華全都錄。《心經》能如此精簡，主要在於玄奘的優秀，從《心經》的「色不異空，空不異色；色即是空，空即是色，受想行識亦復如是。」即可知道他的功力。

　　《心經》是佛教經論中文字最為簡練，義理最為豐富的一部典籍。為六百卷《大般若經》的精華，包括大乘和小乘佛法的思想結晶。通讀《心經》，就等於讀完六百卷的《大般若法》。傳到中國的心經譯本前後有七種，其中千餘年來流傳最廣的，就是玄奘法師翻譯的《般若波羅蜜多心經》（李叔同，2007）。

　　建議有興趣者可以閱讀李叔同所著的《李叔同解經》，更能領略其中玄妙和智慧。

···念念有慈

1. 玄奘（602-664），唐朝著名的三藏法師。俗姓陳，名禕，生於河南洛陽洛州緱氏縣（今河南省偃師市南境）。與鳩摩羅什、真諦並稱為中國佛教三大翻譯家，唯識宗的創始者之一，《西遊記》裡的唐僧。

2. 西元627年，也就是唐朝唐太宗貞觀元年，玄奘從中國長安南下天竺，也就是今天的印度。歷經艱難抵達印度東部比哈爾省的那爛陀（NALANDA），並在這裡求學，16年後將佛經帶回中國長安。西元427年成立的那爛陀大學，是世界上最古老的大學，比歐洲的巴黎大學還早建立，突厥入侵印度，被摧毀滅校。當時的校園裡面有三座圖書館，最高的有九層樓，鼎盛時期有900萬卷藏書，僧侶、學生有1萬人，教師2,000人，除了玄奘，韓國、斯里蘭卡、印尼、波斯等國僧侶、學者也去求學。如今學校遺址成為聯合國文化遺址。2010年8月，印度國會通過復校法案，距離遺址10公里的地方，再次讓它成為國際知名大學（黃漢華，2011）。

3. 玄奘寫的《大唐西域記》就清楚記載當時的求學生活，而成為那爛陀大學的重要史蹟。

參考文獻

Albert Camus（2014）。**反抗者**〔嚴慧瑩譯，第一版〕。大塊文化。（原著作出版年：1951）

Albert Camus（2015）。**薛西弗斯的神話**〔沈台訓，第一版〕。商周出版。（原著出版年：1942）

Bruce Greyson（2021）。**死亡之後：一個長達五十年的瀕死經驗科學臨床研究**〔蔡宗翰譯，第一版〕。如果出版社。（原著作出版年：2020）

Jean-Paul Sartre（2012）。**存在與虛無**〔陳宣良、杜小眞譯，第一版〕。左岸文化。（原著出版年：1943）

Robert Lanza MD、Bob Berman（2015）。**宇宙從我心中生起：羅伯‧蘭薩的生命宇宙論**〔隋芃譯，第一版〕。地平線文化。（原著出版年：2010）

Susan Blackmore（2018）。你意識到你有意識嗎？**科學人，200**。https://sakb.ylib.com/article/201810.8927

Thomas Nagel（2002）。**哲學入門九堂課**〔黃惟郁譯，第一版〕。究竟。（原著作出版年：1987）

大紀元（2017）。**量子物理學家：人體死亡 意識仍存在**。https://www.epochtimes.com.tw/n197069/%E9%87%8F%E5%AD%90%E7%89%A9%E7%90%86%E5%AD%B8%E5%AE%B6-%E4%BA%BA%E9%AB%94%E6%AD%BB%E4%BA%A1-%E6%84%8F%E8%AD%98%E4%BB%8D%E5%AD%98%E5%9C%A8.html

百度百科（2022 年 8 月 8 日）。**意識流**。https://baike.baidu.hk/item/%E6%84%8F%E8%AD%98%E6%B5%81/109181

李叔同（2007）。**李叔同解經**。八方。

張秉開編譯（2017）。量子物理學家：人體死亡 意識仍存在。新紀元。**科技與文明，第 517 期**。https://www.epochweekly.com/b5/517/17503.htm#

黃漢華（2011）。昔年玄奘留學，史上最古老的大學。**遠見雜誌，第 296 期**。遠見天下文化出版。

楊照（2014）。**忠於自己靈魂的人：卡繆與《異鄉人》**。麥田。

維基百科（2022a）。**意識**。https://zh.wikipedia.org/zhtw/%E6%84%8F%E8%

AF%86

維基百科（2022b）。**薛西弗斯**。https://zh.wikipedia.org/zh-tw/%E8%A5%BF%E
8%A5%BF%E5%BC%97%E6%96%AF

Long Jeffrey (2016). *God and the Afterlife: The Groundbreaking New Evidence of Near-Death Experience: Library Edition.* Blackstone Pub.

下篇

教育哲理日常篇

第十二章

人與人在特有領域的一些概念

人生如戲

人在戲中

戲在心中

2022 年 5 月 6 日（母親節前夕）

母親節快樂？母親對於快樂，此刻的認知是什麼？

寫於 母親 2022 年 3 月 10 日之後

壹 從何說起？

一、話說「阿茲海默症」

1906 年由德國醫師阿茲海默（Alzheimer）命名為阿茲海默症（Alzheimer's disease），然至今發病原因還是沒有答案；這個疾病的形成是大腦神經退化性疾病，大部分的失智症都屬於此類。發病時間平均長達 10 年，日漸退化的大腦功能嚴重影響作息能力、認知障礙與異常行為。如何預防、治癒或者延緩疾病惡化的基本需求，全球的醫療人員仍然是束手無策（謝奉勳、徐祖安、陳炯東，2019）。

目前失智症是如何造成？原因未確定；罹患失智症者，是哪種失智類型？也不敢完全確定。以上兩大哉問的答案如此，是因為人的腦無法在身前做切片檢查所致，服用的藥物「愛憶欣」（Aricept），僅能延緩失智，卻無法讓失智好轉復原。失智的原因與治療仍在空中飄著，尚未著陸。如巴布·狄倫（Bob Dylan, 1941-）於 1962 年寫成的一首歌曲的歌名〈答案在風中飄蕩〉（Blowin' in the Wind）。

擺盪在心中的不解，久久不能平靜……為什麼？為什麼「腦」出現問題，人的一切言行都漸漸改變了？真如上帝給人類最神奇的兩個器官就是「腦」與「眼睛」。

•••• 念念有慈

1. 親人是失智症最好的藥方（《葉子》，2022 年大陸連續劇）。
2. 失智者不是植物人，知道自己在做什麼，只是不記得什麼事。

二、話說我們人類的家：地球

我們居住在地球上（這個世界，2022 年 11 月 15 日聯合國宣布，全球人口已經突破 80 億），以及萬事萬物的家。但是「我們的家」之於「宇宙」（universe）有多麼渺小至微不足道嗎？

天文物理學知識，「宇宙」裡可能有數百萬個「超星系團」，其中一個超星系團稱爲「室女座超星系團」，內有個「本星系群」，其內有超過五十個星系，而「銀河系」是本星系群主要的星系，銀河系有許許多多的螺旋帶，其邊緣有個「太陽系」，太陽系繞行銀河系一圈要兩億年，我們的家是太陽系裡第三顆行星。「宇宙如此浩瀚，地球連滄海一粟都算不上。」「在漆黑一片的太空裡，地球只是一縷陽光中的塵埃，甚至，連塵埃都稱不上。」（顏少鵬，2022）

1990 年 2 月 14 日美國國家航空暨太空總署（NASA）的「航海家 1 號」（Voyager 1），在即將離開太陽系時（此時距離地球 64 億公里外），向後拍攝地球，傳回了一張著名的地球照片——「暗淡藍點」（Pale Blue Dot）。在這張 64 萬畫素的太陽系合家福照片裡，當中地球的大小只占整張照片的 0.12 像素（維基百科，2022a）。美國天文學家卡爾·愛德華·薩根（Carl Edward Sagan）說著：「再仔細看一眼那小點吧。那是這兒。那是家。那是我們。」（Look again at that dot. That's here. That's home. That's us.）

1996 年 5 月 11 日的一個學位頒授典禮上，薩根博士透露了從這張照片得到的深層啟示。他的學生，現今的美國天文學家奈爾·德葛拉司·泰森（Neil deGrasse Tyson），在其接續當初薩根《宇宙》的紀錄片《宇宙大探索》中也引用了這段話。

現在就讓我們一起閱讀、反思美國天文學家卡爾·愛德華·薩根 2007 年 4 月 14 日發表的「對一粒微塵的深思」（Reflections on a Mote of Dust）（Carl Edward Sagan, 2007）：

We succeeded in taking that picture [from deep space], and, if you look at it, you see a dot. That's here. That's home. That's us. On it, everyone you ever heard of, every human being who ever lived, lived out their lives. The aggregate of all our joys and sufferings, thousands of confident religions, ideologies and economic doctrines, every hunter and forager, every hero and coward, every creator and destroyer of civilizations, every king and peasant, every young couple in love, every hopeful child, every mother and father, every inventor and explorer, every teacher of morals, every corrupt politician, every superstar, every supreme leader, every saint and sinner in the history of our species, lived there on a mote of dust, suspended in a sunbeam.

The earth is a very small stage in a vast cosmic arena. Think of the rivers of blood spilled by all those generals and emperors so that in glory and in triumph they could become the momentary masters of a fraction of a dot. Think of the endless cruelties visited by the inhabitants of one corner of the dot on scarcely distinguishable inhabitants of some other corner of the dot. How frequent their misunderstandings, how eager they are to kill one another, how fervent their hatreds. Our posturings, our imagined self-importance, the delusion that we have some privileged position in the universe, are challenged by this point of pale light.

Our planet is a lonely speck in the great enveloping cosmic dark. In our obscurity – in all this vastness – there is no hint that help will come from elsewhere to save us from ourselves.

It is up to us. It's been said that astronomy is a humbling, and I might add, a character-building experience. To my mind, there is perhaps no better demonstration of the folly of human conceits than this distant image of our tiny world. To me, it underscores our responsibility to deal more kindly and compassionately with one another and to preserve and cherish that pale blue dot, the only home we've ever known.

念念有慈

1. 此生幸為人，關於奈爾·德葛拉司·泰森（Neil deGrasse Tyson），接續當初薩根《宇宙》的紀錄片《宇宙大探索》中引用了上述引用的那段話「再仔細看一眼那小點吧。那是這兒。那是家。那是我們。」（Look again at that dot. That's here. That's home. That's us.）你想說什麼？

2. 美國天文學家卡爾·薩根（Carl Sagan）2007年4月14日發表的「對一粒微塵的深思」（Reflections on a Mote of Dust）乙文，你想說的是？

3. 宋·蘇軾《滿庭芳·蝸角虛名》：「蝸角虛名，蠅頭微利，算來著甚乾忙。事皆前定，誰弱又誰強。」掙什麼？

4. 清朝康熙年間，大學士張英的六尺巷美談，「千里修書只為牆，讓他三尺又何妨？萬里長城今猶在，不見當年秦始皇。」放不下？

5. 俄烏戰爭卻持續開打著，不明白？

明代楊慎的《臨江仙·滾滾長江東逝水》：「滾滾長江東逝水，浪花淘盡英雄。是非成敗轉頭空。青山依舊在，幾度夕陽紅。白髮漁樵江渚上，慣看秋月春風。一壺濁酒喜相逢。古今多少事，都付笑談中。」

人生不只要看開，更要看透。

貳　從腦與人的二、三事說起

一、認識人的腦

　　人的腦（brain），重量均數約三磅重（約 1.362 公斤），大約一千億個神經元（neuron）組成，神經元亦可稱為腦細胞。從解剖學的觀點，人腦可分成「腦幹」、「間腦」、「小腦」與「大腦」四大部分。

　　「腦幹」（brain stem），分為脊髓、小腦與延腦。它是人腦最先發育出來的部位，也是最後一個受到阿茲海默症（Alzheimer's Disease, AD）影響的部分。

　　「中腦」（midbrain），又稱為情緒的腦，包括杏仁核（amygdala）與海馬迴（hippocampus）。杏仁核負責情緒，海馬迴專責將短期記憶統整成長期記憶，且負責空間記憶，也是第一個受到阿茲海默症影響的部位。杏仁核與海馬迴為鄰，因此當記憶喪失時，還能保有情緒記憶（劉秀枝，2016）。

　　「大腦皮質」（cerebral cortex），也稱為大腦，占整個腦的 80% 左右，負責思考，是我們思想、推理、語言、計畫和想像力的所在。

二、大腦神經退化性疾病：失智症

　　美國雷根總統圖書館與博物館（Ronald Reagan Presidential Library & Museum）的網頁，美國第四十任總統隆納·威爾森·雷根（Ronald Wilson Reagan, 1911-2004）在 1994 年（卸下總統職務 5 年後），刊登其親筆信函 "Reagan's Letter Announcing his Alzheimer's Diagnosis"，開頭寫道："I have recently been told that I am one of the millions of Americans who will be afflicted with Alzheimer's Disease."（最近有

人告訴我，我是數百萬患有阿茲海默症的美國人之一。）（Ronald Reagan, 1994）宣布確診阿茲海默症。

2004 年雷根的女兒佩蒂・戴維斯（Patti Davis）出版《*The Long Goodbye*》，記錄雷根和阿茲海默症奮戰的過程（阿茲海默症俗稱 "The Long Goodbye"）。摘錄書中段令人感傷的一段話，"During the ten years of my father's illness, I felt as if I was floating in the abyss, or being tossed by the waves, or being swept away by the current, but not drowning."（在父親患病的 10 年間，我感覺自己彷彿漂浮在深淵，或被海浪翻騰，或被水流沖走，但沒有被淹溺。）

●●●念念有慈

"The Long Goodbye" 係指阿茲海默症患者的意識時常會暫時性的跳脫「這個世界」而進入到「另一個世界」，此時可能完全不知道周遭的人事物，但恍神後意識又會再回到「這個世界」，與周遭人事物繼續融合。

三、人生回顧

1963 年羅伯特・巴特勒（Robert Butler）提出「人生回顧／生命回顧」（life review），係指年長者常會不知不覺回憶起陳年瑣事的傾向，他認為這是健康的現象。老年人出現「近時記憶的喪失」及「反省和回憶的傾向」，是老化的正常徵象之一。傑姆斯・索羅森（James Thorson）認為「人生回顧／生命回顧」在某種意義上是一個合理化過程，可以說服自己有一個相當美好的人生。因此，在傾聽年長者回憶往事時，不要覺得很煩，不要說聽過好多次了，更不需要對年長者過往經歷的錯誤做解讀，只須扮演好「有耐心的傾聽者」即可，因為傾聽者握

有饒恕的權杖。那些身受問題困擾，或對過去行為感到內疚的長者，可能會從饒恕中受惠，從傾聽者口中說出的「我不認為您有那麼不好」獲得如贖罪般的幫助（Ronald B. Adler, Jeanne Elmhorst, Kristen Lucas, 2022）。

●●●念念有慈

作者在先父晚年，陪其身旁時，常聽其述說過去點滴的一些陳年瑣事。而且諸多是重複性的故事。這或許就是「人生回顧／生命回顧」吧？你有這種類似經驗嗎？

綜上，人的一切言行，似乎完全受「藏鏡人」所掌控，好比人是個木偶，由掌控此木偶者操弄（manipulation），這「藏鏡人」、「木偶操弄者」之於「人」而言，似「腦」之於「人」，人與腦真有著奇妙、糾葛、複雜、深奧，甚至人至今難以理解的關聯故事，或許應該說未來可能也無法理解吧？

●●●念念有慈

1. 人如果「失智」了，是如何的「存在」？她在想什麼？她又是怎麼想的？
2. 為什麼人到晚年，「人生回顧／生命回顧」就不斷上演？腦為什麼要指揮年長者晚年說此故事？還是上帝賦予人生命階段最後的演出？

維根斯坦（Wittgenstein）說，沒有人能代替自己思考，除了你自己。我們是怎麼看待快樂的、怎麼看待世界的、怎麼看待友誼或者愛情的。我們總是看不見這個世界的真相（Ray Monk, 2020）。或許維根斯

坦認爲人們可以透過哲學降低，甚至消除這些人生困惑，最後讓我們看到眞實人生應該是如何看待這個世界的吧？

念念有慈

有人說，哲學想弄清楚的不是世界是怎樣運作的，而是我們是怎麼看待世界和我們自己的，而由於種種原因，這是我們最難看清楚的事情。

話說至此，讓我們回到主題「人與人在特有領域的一些概念」來談談吧。

四、您好嗎？

我們日常生活裡，碰面問候的口語幾乎都是「您好嗎？」但是靜下心想想，幾乎都是說焉不察，脫口而出的問候語，而回應者也未經思索，就習焉不覺地脫口回應「很好！」

讓我們靜下心來，來認眞省思，靜心再思，「您眞的好嗎？」「我們眞的很好嗎？」

念念有慈

英文：How are you?、日文：お元気ですか？、韓文：안녕하십니까（anyong ha sim ni ka）/ 안녕하세요（anyong ha se yo）/ 안녕（anyong）、法語：comment ca va?
關於「您眞的好嗎？」其實你想要說的是？

猶太教的經典《塔木德》裡就有個問題：「假如你不爲自己的人生而活，究竟是誰要爲你的人生而活？」寫得好啊！自己的生活不自己來

好好的活，那這個世界誰會爲你而活？

　　有時候我們幾乎很少是爲自己而活的，似乎都是爲著他人而活，不是嗎？那所謂的「爲自己的人生而活」又是什麼意思？或者說怎麼樣活著，可以稱得上是爲自己而活？

●●●念念有慈

1. 《塔納赫》（希伯來語：ך"נ ת），是猶太教正統版本的《希伯來聖經》，是猶太教的第一部重要經籍，亦稱爲「舊約聖經」（維基百科，2022b）。

2. 關於「假如你不爲自己的人生而活，究竟是誰要爲你的人生而活？」其實你還想要說的是？

五、奧斯卡・柏尼菲怎麼說？

　　2016 年 2 月 19 日臺北國際書展邀請法國哲學作家奧斯卡・柏尼菲（Oscar Brenifier）來臺，摘錄一些其哲學經典提問與概念：

　　　「你有問題，我不會回答，因爲應該享受問題，而非急著找答案，否則就像匆忙吃完一頓飯，只爲填飽肚子，剩下生物性的、而沒有美學的自我了。」

　　　「自己的孩子永遠不會照你的期待行，我須不斷告訴自己，對孩子失望是正常的。」

　　　「孩子存在的方式，就是跟父母說 No！」

「千萬不要拿小孩來填補或平衡你的存在，小孩是獨立的個體，別打擾、控制小孩。」

「沒有問題就不是人，人的存在，就是一個問題。」

念念有慈

關於奧斯卡‧柏尼菲（Oscar Brenifier）上述的經典話語，你認同嗎？有切身感受經驗嗎？你想要說的是？

六、人本心理學大師「人」的觀點

美國心理學家羅哲斯（Carl R. Rogers, 1902-1987），1961 年出版的《*On Becoming a Person*》，書的封面次標題：「What it means to become a person?」羅哲斯重視治療者與案主之間所建立的關係，一種能夠被接納的關係，使用的技巧叫作「同理心」和「無條件的正面關懷」。作者對此一次標題「What it means to become a person?」提出大哉問：「究竟怎樣才能成為一個人？」

美國心理學家亞伯拉罕‧哈羅德‧馬斯洛（A. H. Maslow, 1908-1970），於 1943 年提出「需求層次理論」（Maslow's hierarchy of needs）。將人的各種需求歸納為五個層次，依金字塔的由底層較低層次到頂層較高層次：生理需求、安全需求、社交需求（愛與隸屬）、尊重需求與自我實現需求（如圖 12-1）。

從「需求層次理論」，可以了解作為一個人，不是只求溫飽而已，還必須不斷鞭策自己，不斷超越自我、邁向巔峰。

1933 年臘月仲冬，弘一大師李叔同抵福建省晉江縣草庵度歲，在書庵門上撰嵌名聯：「草積不除，時覺眼前生意滿；庵門常掩，勿忘世

圖 12-1

馬斯洛需求層次理論（Maslow's hierarchy of needs）

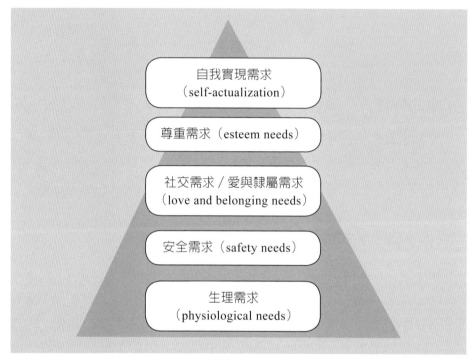

自我實現需求
（self-actualization）

尊重需求（esteem needs）

社交需求 / 愛與隸屬需求
（love and belonging needs）

安全需求（safety needs）

生理需求
（physiological needs）

註：作者自行整理。

上苦人多。」弘一大師用意是教誨提醒草庵的僧人，雖然寺廟安詳清淨，但是不能忘記寺廟外處處有苦難的人。這「勿忘世上苦人多」的驚世警語，當頭棒喝著自我實現的人們，當連基本生理需求都無法獲得的苦難人們，如疫情影響失業的人們、俄烏戰爭下的難民與亡民，我們應該（should）何如？

念念有慈

1. 人與人之間的「同理心」和「無條件的正面關懷」為什麼如此重要？

2. 關於「究竟怎樣才能成為一個人？」其實你想要說的是？

3. 作為一個人，從「需求層次理論」觀點，「自我實現」對你而言是什麼？

參 「人」是什麼？

動物學家莫里斯（Desmond Morris）探討「人類」作為一種「物種」的各種面向，將人類稱為「裸猿」（The Naked Ape），因為相較於其他動物，人類不過就是一種沒有皮毛、裸露出皮膚的「裸猿」（Desmond Morris, 2015）。

當然人雖然也是動物，但是絕不只是一般的動物而已。

一、智力與理性

經過上述一番思考風雲後，值得我們再次檢視「人」是什麼模樣的「東西」？或具備什麼樣的「東西」可稱為「人」？

毫無疑問，人是一種動物（animal），就像動物園的動物一樣，餓了要食物，渴了要喝水，要繁衍後代等。0-3 歲的小孩許多行為現象幾乎與其他動物沒有差異。但是再仔細思考下去，人雖然如其他動物一般，可是人類卻又是非常獨特（unique）的動物，從生物學的觀點，是幾乎沒有辦法在大自然安全生存的退化動物，如把人遺棄至非洲的大草原上，不是被餓死，就是可能被其他動物攻擊死亡，或成為其豐盛的大餐。另一觀點，人的奇特，其他動物不見，如能夠將生物界繁衍下一代的性行為演變成愉快的性生活。

雖然我們是衰退的動物，幾乎沒有原始生存的可能，即使如 Discovery Channel 生存實境節目《原始生活 21 天》（*Naked and*

Afraid）與《原始生活 40 天》也是在拍攝主、客觀條件下進行的。但是我們卻可將在大草原讓人類致死的獅子、老虎等凶猛動物抓進動物園供人觀賞。看來，人應該還有別於一般動物的「超能力」？

　　人有「智力」，雖然許多動物學家也提出相關證據顯示其他動物也有智力，如海豚的智商相當於 6-7 歲的小孩，以及你家養的「毛小孩」也有智力，但是綜觀而言，人的智商還是高於其他動物，甚至高出甚多。

　　2016 年由 Google DeepMind 開發的電腦圍棋軟體 AlphaGo（深度運算機器）對決韓國職業九段棋士李世乭（이세돌），結果 AlphaGo 以四勝一敗擊敗李世乭（維基百科，2023a）。如此看來人被機器人打敗了，但是，AlphaGo 還是由人發明的。人腦真是厲害，其他動物應該沒有智力能發明這類玩意吧？

　　人有「理性」，大哲人亞里斯多德（Αριστοτέλης/Aristotélēs, 384-322 B.C.）：「人是理性的動物。」「理性是一種能夠進行思考的能力。」美國羅伯特・安森・海萊恩（Robert Anson Heinlein, 1907-1988）：「人不是理性的動物，但是會把事情合理化的動物。」愛爾蘭奧斯卡・芬戈爾・奧弗萊厄蒂・威爾斯・王爾德（Oscar Fingal O'Flahertie Wills Wilde, 1854-1900）：「人是理性的動物，但被要求遵循理性的時候會發脾氣。」伯特蘭・亞瑟・威廉・羅素，第三代羅素伯爵（Bertrand Arthur William Russell, 3rd Earl Russell, 1872-1970）：「據說人是理性的動物，我窮盡一生都在尋找支持這論點的證據。」

　　人與獸之別在於「理性」，無奈人時常會做出「感情的洪流沖破理智的堤岸」的遺憾之事。如酒精過量時的醉漢、情緒失控時的瘋狂者等，面對理智失控做出傷天害理的事，我們常會用「禽獸都不如」形容。

二、一部有關人腦電影對人的啟示

　　2014 年上映的法國科幻動作電影《露西》（*Lucy*），由史嘉蕾・

英格麗‧喬韓森（Scarlett Ingrid Johansson）主演的露西的腦用量達到100%，消失在時空內？或外？露西消失只剩衣物和怪異的黑色一體式隨身碟，隨後化爲塵埃消失。到底露西去了哪裡？電影那頭的手機隨即收到一條簡訊：「我無所不在。」

在肉體與時間的限制下，或其他的可能，一般人幾乎發揮腦力與潛能的極限在 5% 以下？2001 年電影《拳神》，對超越 5% 的腦域開發註解爲「上帝禁區」，能運用超過腦力 5% 者微乎其微，並不多見，僅如愛因斯坦、達文西、彌勒、沙特、霍金等。而人類演化的過程僅靠此 5% 的腦力就已發展至此，且幾乎也將地球資源耗盡毀損。若突破 5%、10%、15%，甚至達到 100% 的人類，這個世界將會是什麼樣子呢？

念念有慈

作者發現這些年的幼兒普遍聰明，是否腦力開發從 5% 已經向上提升了？

三、人異於其他動物的特性

人確實有別於其他動物的特性，也就是人有著一些別於其他動物所沒有的「獨特的性質」。

有關歷史記載戰國時代李冰父子都江堰治水，作者曾經赴四川的都江堰，當時李冰父子利用結網將大石塊置入其中，放置於都江堰裡，用以疏通湍急的水流。李氏父子透過這種技術處理問題，在其他動物界從未看見與聽聞。

類似上述的各種技術，在人類的世界屢見不鮮，也可以看得出人類技術透過教育不斷傳承與精進，「技職教育」可以說是人最早的教育內容與方式。

　　人會透過教育學習。常見許多動物出生就能吸吮母乳，能築巢做穴，這些並非是教育與學習而得。因爲人也與其他動物一樣會做這些事，換句話說，這種天生就會的事，稱之爲「本能」（Instinct）。我們回顧中學階段學習英文語言的歷程，除了背單字、片語外，還要學習深奧的文法，其他動物是否有語言？不在此爭論。至少人類的語言相對是高深、複雜的，這是無庸置疑的。

　　再想一想大家爲什麼就讀教育研究所碩士在職專班？甚至碩士畢業還計畫攻讀博士學位？凡此種種，表示人會求精進（From A to A$^+$）。再者，從《十二年國民基本教育課程綱要總綱》提及「終身學習」，都是人超越自我，邁向巔峰的特性。

　　其他動物會思考嗎？如果會思考，思考的內容與層次能與人相提並論嗎？我們學習數學、科學、哲學等任何學科知識議題的思考，是何等的高層次思維，甚至人類還有各式宗教經典與信仰，更提出不「自由」毋寧死，匈牙利愛國詩人裴多菲・山多爾（Petofi Sandor）在參戰前夕寫下「生命誠可貴，愛情價更高，若爲自由故，兩者皆可拋。」美國發展心理學家霍華德・厄爾・加德納（Howard Earl Gardner）2004 年還提出九大智慧，其中有內省智慧與哲學智慧。大家從來沒見過家中的「毛小孩」在冥想（meditation）吧？人的思維深度與廣度絕非一般動物可並駕。

四、三本書對人的觀點

　　美籍猶太裔存在主義哲學家漢娜・鄂蘭（Hannah Arendt, 1906-1975）的《人的條件》（*The Human Condition*）：「每一個人都是在他人的等待之中來到世上，並且被賦予一種創造奇蹟的力量，成就不朽的可能。」書中提出「人的條件」有三，勞動、工作與行動（Hannah Arendt, 2021）。

　　有關「工作」，人不應該成爲「工匠人」人類中心式的功利主義。

正如康德的「任何人都不應該成爲目的的工具，每個人自身都是目的。」我們各位教師不應該變成「教書匠」，是一樣的道理。

　　另，在思考人類「誠實」的問題時，《平凡的邪惡：艾希曼耶路撒冷大審紀實》（*Eichmann in Jerusalem: A Report on the Banality of Evil*）（Hannah Arendt, 2013），值得探究。鄂蘭說，當我們被動地去做一件即使沒有做惡意圖的事，但從結果來看卻是有可能成爲「惡行」（一流人，2018）。學校裡兩位學生因故衝突，在旁邊瞎起鬨的學生，算不算是「平凡／平庸的邪惡」呢？

　　美國克萊門森大學心理學家辛西婭·普瑞（Cynthia Perry）將勇氣分爲個人勇氣、一般性勇氣與道德勇氣（王丹，2021）。那具備「道德勇氣」的人，是否就不會陷入「平凡／平庸的邪惡」的泥沼裡了？

　　荷蘭裔美國作家亨德里克·威廉·房龍（Hendrik Willem Van Loon, 1882-1944）的《寬容》（*Tolerance*），源自於拉丁字"tolerare"，意指「容許別人有行動和判斷的自由，對不同於自己或傳統觀點的見解要耐心公正地容忍。」（Hendrik Willem van Loon, 2017）

　　2005 年電影《天國王朝》（*Kingdom of Heaven*）裡，耶路撒冷王鮑德溫諄諄告誡巴里安〔主人公在詮釋騎士精神（chivalry）時說的一段話〕：

　　None of us know our end, really, or what hand will guide us there. A king may move a man, a father may claim a son, but that man can also move himself, and only then does that man truly begin his own game. Remember that howsoever you are played or by whom, your soul is in your keeping alone, even though those who presume to play you be kings or men of power. When you stand before God, you cannot say, But I was told by others to do thus, or that virtue was not convenient at the time. This will not suffice. Remember that.

記住：在上帝面前，不能說我是迫於無奈，因為他人的關係而去做的，也不能說那只是權宜之計。那是無法推卸的。

念念有慈

1. 你認為愛（love）、仁慈（kindness）、寬容（tolerance）何者最難做到？為什麼？
2. 何謂「良知的懲罰」？「良知的懲罰」與「法律的懲罰」之間的差異又在哪？

肆　人與靈魂

柏拉圖（Plato）是哲學家中第一位提出「靈魂」（Mind/Soul/Spirit）的人。他說：人與一切萬事萬物最大的差異是，人有「靈魂」。人的靈魂雖然存在於「這個世界」內，但不屬於「這個世界」，「祂」（Mind/Soul/Spirit）超出一切萬事萬物的存在。

念念有慈

1. 你認為人有「靈魂」嗎？如果你相信有「靈魂」，說說你的信念（belief）是什麼？
2. 毛澤東曾問喜饒嘉措大師：「佛教說人有輪迴，怎樣才能讓人相信呢？」喜饒嘉措大師問毛澤東：「今天你能看見明天的太陽嗎？」

毛澤東：「看不見。」喜饒嘉措大師又問：「那你相信明天會有太陽嗎？」毛澤東笑著說：「我明白了！」

3. 相信與認知不同，對於信徒而言，信仰的大事只有相信。

一、靈魂與肉身

如果這個世界上，人若真有靈魂，那祂與人的肉身之間有著什麼樣的關聯？是靈魂依附肉身？還是肉身依附靈魂？是怎麼共存的？

日常生活，人腦若受到干擾，整個人都變成另一個人似的，如喝了一大瓶金門陳高，醉後的人，失態了，自己在做什麼？說什麼？恐一無所知了。進醫院做無痛腸胃鏡檢查也是如此，一瞬間麻醉藥注入，醒來已經是另一個畫面了。此時我們的靈魂在哪裡？祂又在做什麼？

對靈魂想有進一步了解，可以延伸人類學（anthropology）去探究此大哉問，人類學是專門研究以「人」為對象的一門學問，其核心問題是探究靈魂與人的關聯之問題。

關於此一靈魂與肉身的關聯性，大致上有如下的幾種觀點與立場：比較極端看法的「唯物主義」（materialism），認為人除了肉身及其各部分機械式的活動外，人體之內就再沒有任何其他東西了。萊布尼茲（Gottfried Wilhelm Leibniz, 1646-1716）提出質疑，他形容可以將人腦看成一個巨大的工廠，如果我們進去參觀可看到肉身的各部位，並且在不停的活動中，唯獨不見「思想」這個東西，推測「思想」這東西應該完全不同，與肉身各部位的活動有很大的迴異。因此，另一派「唯物主義」，提出的觀點是，人是有「意識」（consciousness）存在的，但是祂仍只能歸屬於肉身的一種功能而已。

●●●念念有慈

意識最簡單的解釋或理解，是人類個體對其內部和外部存在的感知或
知覺（awareness）（維基百科，2022c）。

在學習微積分時，對於萊布尼茲肯定不會陌生，微積分主要功臣
無非是艾薩克・牛頓（Isaac Newton, 1643-1727）與萊布尼茲兩位先
行者。兩位對微積分的貢獻不分軒輊。英國著名物理學家史蒂芬・威
廉・霍金（Stephen William Hawking, 1942-2018），在其 1988 年發表
的名著《時間簡史：從大爆炸到黑洞》（*A Brief History of Time: from
the Big Bang to Black Holes*）中，為萊布尼茲在微積分的貢獻做了見
證。另一觀點來看，牛頓是從力學觀點出發，萊布尼茲則是從幾何學
出發。

萊布尼茲是近代哲學的理性主義重要人物，是數學家、哲學家。
十七、八世紀，許多歐洲傳教士到中國傳教行善，傳說有萊布尼茲的好
友傳教士對《易經》頗感興趣，將其帶回歐洲，萊布尼茲閱讀後，對陰
陽的奧妙產生靈感與啟發，建構出以二進位的系統運作，作為數學及科
學的共通語言。中國的孔子有其弟子將其教誨撰寫成《論語》，遺憾的
是萊布尼茲既無公開發表，亦無學生幫他成書，直到二十世紀，才被慢
慢發現他的「二進位系統」之貢獻價值。如果萊布尼茲生前能公開成書
或發表，不知道現代電腦的基礎理論與運算模式會「長成」什麼模樣？

不同於「唯物主義」的觀點，亞里斯多德（Aristotle, 384-322 B.C.）
認為人的肉身及其各部位與靈魂是一體完整的，也與其老師柏拉圖
（Plato, 429-347 B.C.）觀點一致，認為只有人，才有靈魂。

近年來，有不少哲學家認同法國哲學家勒內・笛卡兒（René
Descartes, 1596-1650），認為人體與心智是可以加以區分的，他指
出，無有形體的靈魂在人腦松果腺（pineal gland）裡和肉身相互作用。

因此，提出人不是一個整體，只是「精神」，只有人才有「精神意識」或說只是「存在」（existence）而已矣。1637 年笛卡兒的《談談方法／方法論》（*Discours de la méthode*）提到因為動物沒有意識，動物一切行為都是出於本能（instinct）而已（René Descartes, 2020）。

念念有慈

1. 你認同只有人才有靈魂？其他動物有靈魂嗎？
2. 你比較能接受哪種觀點或立場？
3. 太平洋海裡的一尾海豚，玉山綻放的一朵草花，自生自滅，無人知曉，它算不算「存在」？

二、一位醫師談靈魂

1901 年，美國醫師鄧肯·麥克杜格爾（Duncan MacDougall）提出一個假說：「靈魂是存在的，並且還有重量。」1907 年 3 月 11 日，登上《紐約時報》的標題〈醫生認為靈魂有重量〉（SOUL HAS WEIGHT, PHYSICIAN THINKS）（每日頭條，2019），測量到靈魂的重量約 21 公克（21 Grams）。

物理學家費雪（Len Fisher）在《靈魂有多重？歷史上最搞怪的實驗》（*Weighing the Soul: The Evolution of Scientific Beliefs*）對此表示不能接受的理由是推測因為斷氣後體溫突然下降，致使周遭空氣產生對流而影響了天平（Len Fisher, 2006）。雖然鄧肯·麥克杜格爾醫師的研究在各方面檢視確有不夠周密，但是並不足以質疑或否定人類到底有沒有靈魂？

「靈魂」一詞，中國人稱為「氣」，印度人稱為「普拉納」（prana），古希臘稱為「靈」（pneuma），《聖經》以「聖靈」

（spirit）稱之。人是否有靈魂？一直是「生機論」（Vitalism）與「機械論」（Mechanism）之間的爭議點。其中「生機論」的觀點粉絲團較多，因為人雖然由物質組成，但是人卻可以如此這般將這些化學物質依其比例，組成一個人，箇中想必有一非物質，超越我們感官經驗的一種「東西」，或許就是所謂的「靈魂」吧？

念念有慈

「機械論」代表者如十七世紀的史賓諾莎；「生機論」代表者如柏拉圖、亞里斯多德、笛卡兒。

伍 人生的意義

從小學開始，總是有一次可能會寫「人生的意義」有關的作文。哲學家一直對此議題非常有興趣，而且也不斷地提出看法。綜觀古今哲學家的觀點，大致上有幾種看法，有些認為人生的意義不在個人如何，而是因為我們背後有著重要的東西叫「社會」，我們的存在與否都是為了這個「社會」，如戰機飛行員，每次飛行都為了保衛國家。但是這種觀點，對於人性與人生而言有衝突或矛盾，人有私心，人不自私天誅地滅。

存在主義哲學家認為談人生的意義一點都沒有意義，如沙特（Sartre）認為人生本來就無意義，無用的熱情，甚至是一種墮落的生物，永遠有悲劇性的問題；卡謬（Camus）甚至說人生是一種「荒謬」（absurd）。看看俄烏戰爭，人民顛沛流離，遍地傷亡，人生還真是一場荒謬！

因此，存在主義哲學家們對於人有關的議題特別重視，如胡塞爾、

海德格、雅斯培、沙特、波娃、梅洛龐蒂、卡謬與齊克果等哲學論述攸關人生，直指人類最基本的兩大議題：「人類是什麼？」「人類該做什麼？」（Sarah Bakewell, 2017）。

作者仍提出「我是誰？」一個人如果不知道自己到底是誰？人生怎麼會有意義？

念念有慈

沙特的觀點與格言：人的存在是「存在先於本質」（l'existence précède l'essence），其他萬事萬物，都是「本質先於存在」。

德國哲學家阿圖爾・叔本華（Arthur Schopenhauer, 1788-1860）在其名著《作為意志和表象的世界》（*Die Welt als Wille und Vorstellung*）直指「世界的本質是意志，人生就是鬥爭，就是一部悲劇的苦難史。」（Arthur Schopenhauer, 2016）

上述兩種觀點，幾乎在光譜的兩端。許多哲學家，如柏拉圖等，提出「靈魂不滅」，因而人生的意義在另一個世界，如此不斷循環，依舊是一團謎霧，還是講不清楚、說不明白。柏拉圖自我解釋：唯有靠上帝從另一個世界向我們啟示。筆者形容如電影《賽德克巴萊》的臺詞，彩虹橋的另一端？

無論如何探究「人生的意義」大哉問的答案是什麼的思索旅程途中，別忽略了家人才是最真實重要的。所有人都會離開你，只有家人永遠守候你，直到所有的人都離去時。2018 年 3 月 14 日上午去學校途中，在某超商前見摩門教兩傳教士腳踏車上印製的「**任何成功都不能彌補家庭的失敗**」（如圖 12-2），宛如醍醐灌頂。

圖 12-2

任何成功都不能彌補家庭的失敗

註：作者攝於 2018 年 3 月 14 日上午 11：37 桃園市龜山區大同路上 7-11 超商前。

念念有慈

1. 人為了追求進步而有所渴望（desire），這是好事，也是讓世界大步向前的原動力，無關貪、嗔、痴的「貪」。《莊子·內篇·養生主》：「吾生也有涯，而知也無涯。以有涯隨無涯，殆已！」生命終究有限。存在主義（existentialism）的觀點，人因為渴望無限，肉體生命又有大限。因此，此生總是充滿著緊張、悲劇。你覺得呢？

2. 「我是誰」與「家庭和諧」是社會安定、國家安全、世界和平的重要基石。

陸　生與死

一、文哲、工程、科學家怎麼說

　　47 歲那年秋天，蘇軾和客人遊於湖北黃岡城外的赤壁，睹景興懷，有感作《前赤壁賦》：「……寄蜉蝣於天地，渺滄海之一粟。哀吾生之須臾，羨長江之無窮……蘇子曰：『客亦知夫水與月乎？逝者如斯，而未嘗往也；盈虛者如彼，而卒莫消長也。蓋將自其變者而觀之，則天地曾不能以一瞬；自其不變者而觀之，則物與我皆無盡也，而又何羨乎！』」

　　亞里斯多德的《尼各馬科倫理學》（ *The Nicomachean Ethics* ）提到：你或許希望長生不老，但你或許不會選擇它，因為那是不可能的事。「死亡是最可怕的事，因為死亡即是終點。」因此，要活得好，活得幸福，就必然要思考死亡。

　　亞里斯多德的一部論文集，以科學角度理解這個世界的《論生滅／論產生和毀滅》（ *On Coming to Be and Passing Away* ）：在這個物質世界裡的事物，包括人類動物，永遠都處在出生、成長、改變、衰敗和死亡的過程。死亡發生是因為生物體內天生具有的熱被破壞了，這種熱「點燃了」意識，當熱在死亡之際熄滅，由溫暖的身體和意識或「靈魂」組成的複合有機體就開始分解。正如《靈魂論》裡所寫到，它從此不能再經歷屬於個「人」的感情或智性活動，如電源插頭拔除（Aristotle, 2019）。

　　特別一提，亞里斯多德反對自殺，在其知名的「小雞實驗」，正是這種對生命的好奇心與尊重，只要有耐心，發揮道德上的努力，即使是最痛苦的情感也可以克服（Edith Hall, 2019）。亞里斯多德用意象說明「變動是常態」，一件事物的某個部分，甚或是整體形式，可能改變或消失，而其他部分還繼續存在。他舉字母為例說明，如果以不同方式

重新排列，能成悲劇，也能成喜劇。在大自然裡，萬物不斷形成然後消逝，而它的構成物質又繼續貢獻形成另一個實體。

⋯⋯念念有慈

《尼各馬科倫理學》（The Nicomachean Ethics）是古希臘哲學家亞里斯多德的哲學著作，共十卷，以其父或其子尼各馬科（Nicomacheus）而命名。

　　一切都會改變，克服了目前的絕望後，未來還是有可能幸福。亞伯拉罕·林肯（Abraham Lincoln）一輩子都在跟憂鬱症對抗，儘管數次自殺，他還是更看重改變的確定性，活下來實現了他的潛能。

　　1862 年，他對一名喪父的年輕女性朋友寫下這些深具亞理斯多德精神的話語，實則為一篇對絕望者的經典慰藉（Abraham Lincoln, 1862）：

　　　　得知仁慈且勇敢的令尊死訊，深感悲傷；尤其此事影響妳年輕的心，超乎常情。在這個哀戚的世界，悲傷會朝所有人襲來；對於年輕人，因為毫無防備，更是來得又苦又痛。而年長的人已經知道它終將到來。我希望能為妳減輕一些當前的憂傷。完全釋懷是不可能的，只能交給時間。妳現在不能理解妳的心情會再度好轉，是嗎？然而這是錯的，妳一定會再快樂起來。知道這件事，而這絕對是真的，會讓妳現在少傷心一點。我有過足夠的經驗，知道自己在說什麼；妳只需要相信，就會立刻感覺好些。關於慈父的回憶，會取代痛苦，成為妳心中悲甜交錯的感覺，而且比妳先前知道的，更純粹、更神聖。

○○○念念有慈

清代龔自珍《己亥雜詩‧其五》：「浩蕩離愁白日斜，吟鞭東指即天涯；落紅不是無情物，化作春泥更護花。」好一句：落紅不是無情物，化作春泥更護花。

亞里斯多德認為，有機物的再生，不像雲和雨，「人和動物不會回復自己，所以同樣的動物不會存在第二次。」死了就死了。

但即使如此，也還是有值得欣慰的地方。並非只是因為你的父母親存在過，你就必然會存在。你有可能永遠不會孕育而成形。但是如果你存在了，那就確定發生過一件美妙的事；你的父母親一定在你之前「形成存有」（come to be）。你的父母親曾經在這裡，是人類不斷世代繁衍的一部分，曾經在這裡活過、貢獻過，沒有任何事、任何人能剝奪這個事實。

○○○念念有慈

《聖經‧提摩太後書》四章七節：「那美好的仗，我已經打過了；該跑的路程，我已經跑盡了；當守的信仰，我已經持守了。」（I have fought a good fight, I have finished my course, I have kept the faith.）

亞里斯多德主張我們在大自然中見到的不斷存有的過程：在人類身上，是世世代代繁衍與傳承，是「神」為了解決創造永恆的存在的問題而想出來的法則。神要宇宙永恆，讓形成存有成為生生不息的過程。這讓整個宇宙的歷程史，包括人類的歷史，以及我們每個人的歷史，有了終極的統一性與連貫性；形成存有不斷地形成存有，是最接近永恆存在的方法。

●●●●念念有慈

人生是否該要有宗教信仰才能參透「形成存有不斷地形成存有，是最接近永恆存在的方法。」呢？

2005 年史蒂夫・賈伯斯（Steve Jobs）在史丹佛大學畢業典禮的演講：

"If you live each day as if it was your last, someday you'll most certainly be right."

"If today were the last day of my life, would I want to do what I am about to do today?"

"No one wants to die, even people who want to go to Heaven don't want to die to get there, and yet, death is the destination we all share. No one has ever escaped it. And that is as it should be, because death is very likely the single best invention of life. It's life's change agent; it clears out the old to make way for the new. right now, the new is you. But someday, not too long from now, you will gradually become the old and be cleared away."

村上春樹說：「死並非生的對立面，而作為生的一部分永存。」死亡雖然帶走了有形的身體，但最愛的人永遠活在內心最深處的一隅，讓我們永遠思念。

德國作家保羅・湯瑪斯・曼（Paul Thomas Mann, 1875-1955）：「死亡是一種幸福，是非常深邃的幸福……是在痛苦不堪的徘徊後踏上

歸途，是嚴重錯誤的糾正，是從難以忍受的枷鎖桎梏中得到解放。」

「活在活著的人的心裡，就沒有死去。」坎貝爾如是說。

愛爾蘭作家王爾德說：「我們都在陰溝裡，但仍有人仰望星空，即使在最黑暗的地方，也總有人爛若星辰。」

村上春樹在《舞！舞！舞！》：「我一直以為人是慢慢變老的，其實不是，人是一瞬間變老的。」為什麼是一瞬間變老的？有人解讀是「意識」到自己老了？

埃米莉・伊莉莎白・狄更生（Emily Elizabeth Dickinson, 1830-1886），美國詩人。其《*The Poems of Emily Dickinson*》：自然即是放眼所見／山丘－午後／松鼠－日食－大黃蜂／不——自然即是天堂。「自然即是天堂」，詩人自「有限」跨越到「無限」，踏入絕對概念的範疇。壯麗的自然幾乎像是特意要觀者相信，有個「超脫自然界」的天堂，又聖潔，又非關物質。換言之，自然誘發人們對超自然事物的信念。但是，自然也賦予人類碩大腦部，得以製造顯微鏡、望遠鏡，又使得有些人歸結出萬物不外是原子和分子（Emily Dickinson, 2005）。

某位當代作家說：「死亡最可怕的地方不在實際的生命終結，而在切身感受到的衰老的過程中卻是緩緩喪失心智與身體機能，還必須應付各種病痛齊來併發、聲勢日大，且目漸不明、耳聽不聰、關節作疼、記憶減退。更有甚者，有些人的意識還會慢慢衰退。」

念念有慈

生命教育始於生，終於死，學校教育該如何實施生命教育？特別是談及死亡的議題。

二、宗教的觀點

「這一世我們幸得人身，最重要和最應該做的事情是什麼？」道出人生意義的思索。

作者在讀研究所時，金樹仁教授推薦我們閱讀索甲仁波切（Sogyal Rinpoche）的《西藏生死書》，認識死亡是什麼。書中的驚世警語，宛如暮鼓晨鐘。

茲摘錄幾則法語，引發吾人深思發省（索甲仁波切，1998）：

「自然中陰」係指出生到死亡，是最重要的。活著的時候要好好的與周遭的人珍惜相處。

龍欽巴如上師：「凡夫心的基礎地」（the ground of the ordinary mind）是心有一個層面是它的根本基礎，是未開悟的，屬於心和心所（心的事件）的中立狀態，它是一切輪迴和涅槃的業及「痕跡」的基礎，像倉庫，過去我們由於煩惱所造成的行為，其痕跡全被儲藏起來，有如種子一般。當因緣成熟時，這些種子就會發芽，顯現成生活中的環境和情況。把這個凡夫心的基礎地想像成銀行，「業」就存放在裡面，變成印記和習氣。不管是正面或負面的，這些習氣很容易就被刺激和引發出來，並且繼續不斷地發生。由於經常重複，我們的傾向和習慣就變得越來越深，即使在睡覺時還是持續增加和累積力量。這是它們決定我們的生活、死亡和輪迴的方式。

「業的景象」（karmic vision）是一切眾生如果有類似的業，眾生四周將會有一個共同的世界景象，所共有的這套認知。

我們的業和我們所處的「道」，兩者之間有密切的關聯，這個事實也說明為何會產生不同的生命形式。

我們今生今世為「人」，就俱足有基本的共業（common karma），所以我們都是人。即使在人道裡，因為每個人出生在不同的國家、城市、家庭、不同的成長過程、教育、影響因素與信仰等，各自

也都有自己的別業（individual karma）。每一個人都是習性和過去行為的複雜集合體，因此不得不以自己的獨特方式來看事情。人類看起來很類似，但對於事情的認知方式卻完全不同，每個人都生活在自己獨特而分離的個人世界裡。

卡盧仁波切：如果有一百個人睡覺和作夢，每個人在他的夢中都會經驗到不同的世界。每個人的夢境也許可以說都是真的，但絕對不能說只有一個人的夢是真實的世界，而其他人的夢都是虛幻的世界。依據不同業的模式形成的認知，對每個人來說都是真的。

●●●念念有慈

1. 領悟了「別業」（individual karma），怎麼再去看待每一個人？
2. 別業與差異化教學？有教無類？因材施教？

「如果我今晚就去世，該怎麼辦？」西藏諺語：「明天或來世何者先到，我們不會知道。」

每一個人要把自己觀想成最後一次放風的死刑犯、在網子裡掙扎的魚，或在屠宰場代宰的動物。

肯尼斯·林（Kenneth Ring）：死裡逃生者，或頻死經驗者，都敘述了「生命的全程回顧」的經驗。猶如強風中的一本書，一頁頁快速被翻閱。

蜜勒日巴仁波切：當你強壯而健康的時候，從來不會想到疾病會降臨；但它就像閃電一般，突然來到你身邊。當你與世間俗務糾纏不已的時候，從來不會想到死亡會降臨；但它就像迅雷一般，轟得你頭昏眼花。

關於上帝與復活，長老教會牧師盧俊義認為：人死了，火化後，是不是就沒有了？這種問題已經不是醫學上的問題，而是信仰與生命的問題。基督教信仰不談「死」，是談「復活」。因為復活就是超越死亡。

基督教《聖經》說和耶穌連結的人就會得到復活的生命。這樣，沒有信耶穌的人，要怎麼辦？這不是我能回答的問題，因爲生命的主權在上帝，是上帝在決定（盧俊義，2022）。

💬 念念有慈

建議大家閱讀《西藏生死書》，對於生命教育的「死」或許有進一步的領悟。

三、科學家的觀點

科學家說，人完全由物質原子組成。組成人體的原子總數一般約爲：65% 是氧、18% 是碳、10% 是氫、3% 是氮、1.4% 是鈣、1.1% 是磷，與其餘 54 種少量化學元素。這些原子構建了人的細胞組織、肌肉、器官等一切，此外別無成分。在茫茫宇宙之間，每個人充其量不過是一團原子，充盈各種電能與化學能。當然，這樣一團原子聚集而成的型態很特殊。換做一塊石頭，便不會有和人相同的行爲舉止。

💬 念念有慈

我們照 X 光攝影時，爲何可以穿透呢？「每個人充其量不過是一團原子。」關於此，《心經》裡的「色即是空，空即是色」如實也。

就科學觀點，人所體驗到的意識、思維此類心智官能純粹是神經元（neuron）間物質性的電能、化學能交互作用的物質性結果，而神經元根本也是成團的原子。人一旦死亡，聚集成特殊型態的原子便四散分離。

人嚥下最後一口氣的時候，體內原子數不變。可以說，原子不滅，

只是「飄散」。

●●●念念有慈

1. 人的意念、思維、情緒和自我意識，巧妙且難以形容，怎麼可能單純源於原子與分子形成的神經元，以及大量流動於神經元間的電能和化學物質？

2.「人嚥下最後一口氣的時候，體內原子數不變。可以說，原子不滅，只是飄散。」某種角度來看，似乎不就是「靈魂」？

3. 靈魂的論辯，大致上是「機械論」vs.「生機論」vs.「？論」vs.……

科學家的見解是，人的自覺正源於大腦，腦中儲存著記憶，也形成捉摸不定的「自我」（ego）及「自我感」（I-ness）。神經科學家仔細研究了人腦，弄清楚的地方很多，尚待釐清的地方也不少，但這個器官無疑具備物質特性。證據所示，腦部負責處理及儲存訊息的是神經元細胞，數量在 850 億左右，各自以細長絲狀結構與其他 1,000 個至 1 萬個神經元銜接。

人體能有長期記憶，是靠特定蛋白質使神經元彼此有了新的實體連結，既定的連結同時得以強化，長期記憶正是自我認同的基礎。

人體會到的「意識」（或者說自我及「自我感」）一方面攸關人之所以為人，另一方面又是筆墨難以形容。人類賦予自身一種玄之又玄的本質，鋪展開來遠大於原子聚合。這種玄妙本質，有人說是「靈魂」（soul），有人說是「自性」（self），還有人說是「意識」（consciousness）。

念念有慈

1. 肉體帶有靈魂？靈魂附帶肉體？
2. 人是否真有別於其他動物所沒有的「東西」？如果有，這「東西」是什麼？與肉體關係？如何存在的？或用什麼方式存在？

　　我們無法以科學來剖析普遍認為的「靈魂」。「意識」和關係密切的「自性」是另一回事。人所感知的「意識」與「自性」是億萬道電流、化學流和神經元連結成的感覺。「自性」就是一種心理感覺，成因是神經元裡的電流及化學流，此種心理感覺根植於具物質特性的大腦。將「死亡」設想為「虛無」，是相當困難抽象的。然而人體是物質原子排列組合，便有根據將「死亡」改想成「完全喪失意識」。人類是在意識消散下逐步逼近生命結局，生死之別也不再是個零和命題。

　　神經科學家安東尼歐·達馬肖（Antonio Damasio）的意識理論將意識區分成三個層次：最低層次「原型我」（proto self）：生物的吃喝拉撒等根本能力；第二層次「核心意識」（core consciousness）：能覺知、思考、推論，但對區區數分鐘前的「往事」不復記憶，罹患特定腦疾的患者（如失智者）大概都止步於核心意識，病患受困於「此時此刻」無力規劃未來；第三層次「延伸意識／自傳自我」：能應對事務，也記得住人生經歷，「自我認同」需要靠「延伸意識／自傳自我」。亦即長期記憶（Antonio Damasio, 2017）。

　　死後有來生嗎？不重要，有無「意識」才是需要關注的焦點？物質論者：「死亡」指的是成團原子聚集而成的獨特神經元網絡不再運轉，當人嚥下最後一口氣，原子也許就此消散。

　　科學及其世界觀無從概括萬物，在物質世界之外，極可能別有洞天，只是「人不明白自己到底不明白什麼」。既然是「非物質」領域，顧名思義無法以物質世界的手段來證實或證謬，在物質世界探索科學成

果極其驚人，但科學也僅限於在物質世界奏效。靈性世界未必依循邏輯、條理連貫，甚至未必是人力所能窮究。

科學家的觀點，最常聽聞什麼是「宇宙」的一句話，就是「天地四方謂之宇，古往今來謂之宙。」《莊子》曰：「上下四方曰宇，往古來今曰宙。」「『宇』是上下四方整個空間的統稱，『宙』是古往今來無限時間的總合，宇宙是所有物質與能量的集合體。」宇宙完全由物質組成，全受少數幾種基本作用力與法則管控，最終都將分解回各自的組成元素（Alan Lightman, 2019）；人亦完全由物質原子組成，最終也都將分解回各自的組成元素。

許多科學家將法則／定律（law）與真理（truth）視為同義詞。在科學的範疇裡幾乎都是以量化的數學式子來呈現法則／定律。如阿基米德提出的「浮力原理」是物質世界第一個法則／定律。

科學與宗教揭示真理的方式完全迴異，宗教對真理來自「信念」（belief），一是靠經典如《聖經》、《古蘭經》、《吠陀經》、《金剛經》等，以及詮釋經典的論著；其二是倚靠當事者的自我超驗體會（transcendental experience）。

●●●念念有慈

1. 「浮力原理」是古希臘時代的阿基米德發現的原理。係指浸在流體中的物體受到向上的浮力，其大小等於物體所排開流體的重力。

2. 某日看電視「人間衛視」，某一幕畫面：「禪語是不合邏輯的，但它有更高的境界：禪語是不合邏輯的，但它有更深的涵義。」關於此，你想說的是？

物質世界的所有法則／定律都有相同的三個特質：精準、量化、適用範圍極廣。物質世界一切的如此這般都受法則／定律管控。

「萬有引力定律」的存有與牛頓證實無關，與世界性科學月刊刊登無關，法則／定律為眞，是因爲放諸四海皆準，且能顯而易見地描述物質世界的基本特性。

⬤⬤⬤ 念念有慈

科學及其世界觀是否能概括宇宙或這個世界的萬事萬物？在「物質」世界之外，由《易經》陰陽哲理觀之，當有「非物質」世界，既然如此，吾人怎能以「物質」世界來證實其之有無？「靈性」世界是否與物質世界的規則一致？如邏輯，甚至以我們的能力是否可及？只是「人不明白自己到底不明白什麼？」

四、省思

哲仁日已遠，典型在夙昔

省思一

史懷哲 38 歲啟程非洲時，擁有哲學、神學、醫學三種博士學位，已是史特拉斯堡大學神學教授，依然放下一切，攜眷同行。史懷哲曾說過：「每個人生命中都要有自己的蘭巴倫（Lambarena），我生命的關懷在蘭巴倫，而你的蘭巴倫何在？」（陳曾基，2022）。

史懷哲在 21 歲即下定決心：「30 歲以前，要把生命奉獻給傳教、教書與音樂；30 歲以後，把個人奉獻給全人類。」（陳亦純，2021）。

每個人生命中都要有自己的「蘭巴倫」，你的「蘭巴倫」在哪裡呢？

省思二

荷蘭後印象派畫家文森・威廉・梵谷（Vincent Willem van Gogh）的〈星空〉（De sterrennacht）布面油畫，收藏於現代藝術博物館——紐約（如圖 12-3）。

圖 12-3

〈星空〉（De sterrennacht）

註：引自維基百科（2022）。https://zh.wikipedia.org/wiki/%E6%98%9F%E5%A4%9C

念念有慈

乾坤無邊無際，人歲有盡有窮；他留下了油畫，我們留下什麼？

此畫於 1889 年 6 月中旬完成，是由聖保羅精神療養院二樓臥室窗外向東望去見到的景緻，就在自願入院的短短一個月前，梵谷精神崩潰，割了半截左耳朵下來。

據天文學者考證，作畫當晚的月亮絕不可能是如此，再者療養院附近也無聚落，畫中最特別碩大明亮的星星是金星，確實當下可見——虛實相融。成畫一年後梵谷自殺，享年 37 歲。

1990 年美國醫學協會期刊論文，判斷梵谷的精神症狀多少出於梅尼爾氏症（Ménière's disease），又稱眩暈症，覺得自身周遭事物在動，實則並無動靜，有些情況下還會頭昏眼花，感到人在下墜或旋轉。

　　我們要將「死亡」設想爲「虛無」，那可眞不知從何想起。然而，知道了人體出於物質原子排列組合，便有根據將「死亡」改想成「完全喪失意識」。如此一來，人類是在意識消散下逐步逼近生命結局，生死之別也不再是個零和命題。

💬 念念有慈

　　某日在電視人間衛視，出現一幕：「禪語是不合邏輯的，但它有更高的境界；禪語是不合情理的，但它有更深的涵義。」能藉此體悟深奧的靈性世界，將因此更謙卑（humble）面對。

柒 尊嚴

　　美國民權運動最引人注目的一幅影像，是恩斯特・威瑟（Ernest Wither）所拍攝的一張黑人清潔工在孟斐市罷工抗議的照片（如圖 12-4）。照片攝於 1968 年 3 月 28 日。

　　照片中，上百名黑人聚集在克萊伯廟堂（Clayborn Temple）前方街道，準備展開團結遊行。大家手執一張相同的標語：「我是個人」（I AM A MAN）。這張照片能強烈感受出人渴望「尊嚴」（dignity），「尊嚴」是人性很重要的一部分。

💬 念念有慈

　　「尊嚴」是一項微妙的特質，屬於情感或智能？是自我意識。

圖 12-4
位於國家民權博物館的「我是一個人」的立體透視模型

註：引自維基百科（2022）。https://zh.wikipedia.org/wiki/%E6%88%91%E6%98%AF
%E4%B8%80%E5%80%8B%E4%BA%BA

　　美國猶太裔人本主義心理學家亞伯拉罕・馬斯洛（Abraham
Maslow）提出「需求層次理論」（Maslow's hierarchy of needs）。其
中第四層次：尊重需求（esteem needs），屬於較高層次的需求，有尊
嚴的涵義。

捌　宇宙

　　宇宙（universe）一詞，源自拉丁文的 *unus*，意思是「一」，再加
上 *versus*，動詞 *vertere* 的過去分詞，意思是「轉」。因此，「宇宙」
的原始字義是「萬化為一」。現代物理學家與天文學家大多將宇宙定
義為一個時間與空間的整體，而且確實是統一的整體（Alan Lightman,
2019）。
　　現代科學已經能為這個世界的許多現象找出理由和原因，但是卻無
法解釋這個宇宙本身。如宇宙的生成？宇宙的無中生有？以前不知、現

在不知，未來有解嗎？這個世界上最深奧的大哉問，看來光靠科學，恐有侷限，或許需要透過哲學與宗教求解吧？

在每個時代，不論膚色或信仰，生而為人代表什麼意思？人性有何特殊之處？區別人和這個世界其他生物有何差異？人的男男女女是否如《聖經》、《金剛經》、《心經》、《古蘭經》所述，在宇宙中占有特別的地位？未來呢？人將何去何從？

⋯ 念念有慈

《古蘭經》（القرآن）是回教中最重要的經典。穆斯林認為《古蘭經》是指導穆罕默德聖人奉行使命的奇跡，證明他的先知身分，而他亦是自亞當以來最後一位接收啟示的先知（維基百科，2022d）。

玖 大霹靂宇宙論

對於宇宙的形成（含地球），大概有兩個較多人接受的概念：創造論／創世論／神創論（Creationism）與大霹靂（Big Bang）。

大霹靂（Big Bang），是描述宇宙的起源與演化的宇宙學模型，這一模型得到了當今科學研究和觀測最廣泛且最精確的支持，係指宇宙是在過去有限的時間之前，由一個密度極大且溫度極高的太初狀態演變而來的。根據 2015 年普朗克衛星所得到的最佳觀測結果，宇宙大霹靂距今 137.99 ± 0.21 億年，並經過不斷的膨脹到達今天的狀態（維基百科，2022e）。

宇宙「起始」於大約 140 億年前，從極高密度的狀態開始，此後慢慢稀釋擴張。那個「起始」是否也是時間的開始？在那之前，有任何的東西存在嗎？如果沒有，那麼宇宙的起源無非就是一個點，絕對與相對

在此交會。地球誕生於約 45.4 億年前，42 億年前開始形成海洋，並在 35 億年前的海洋中出現生命（維基百科，2022f）。

　　所有起源問題不但都難以「言傳」，連「意會」都難矣。如人的起源，精子和卵子結合出人的細胞；第一天，剛受精不久，只有一個雙核細胞，兩個細胞核分裂分別來自男女兩性，細胞略呈球形，顏色偏白，散布灰色斑塊，像是用低倍率望眼鏡看到的月球表面。次日，兩個細胞成形，各有自己的細胞核，隨後又再分裂成四個細胞。第三天，細胞再度分裂，形成八個細胞。第四天，大量細胞分裂，我們每一個人是源自於「這個」，神奇吧？

拾　存有

　　關於「人」的討論，有一派「存有論」（Ontology）的哲學家們，中文也有翻譯成「本體論」或「存在論」，係指存有的一般理論，主要探討人在「很」不同「領域」的特殊地位，是非常深奧難理解的哲學。

　　剛開始提出的時候，受到其他哲學學派攻擊，甚至否認，亦即不承認他們所提出有關問題的任何意義，如實證論／實證主義（Positivism）與觀念論／唯心主義（Idealism）。在漫長的來回攻防數載後，存有論差點就淹沒在大海底了，所幸許多哲學家帶槍投靠，特別是美國一些屬於領導地位的邏輯學家，其中幾位曾經還是實證論者。

　　今日許多當時反對派的哲學家，則都實際地從事存有論的工作了，並加入存有論團隊，如阿爾弗雷德·諾斯·懷海德（Alfred North Whitehead）的學生、美國哲學家、哈佛大學教授蒯英（W. V. Quine, 1908-2000）。

　　幾經掙扎與努力，終於殺出一條生路。存有論成為哲學重要的一支。

　　1960 年蒯英在其《語詞和對象》（*Word and Object*）寫著：「為了讓語詞具有認知上的意義，說話的人須預設存有論上的主張。」

（W. V. Quint, 2012）如他自己在存有論上不但主張「個體」存在，同時也主張「個體的集合」、「個體的集合的集合」等抽象的東西都存在。

💬 念念有慈

1. 蒯英是美國哈佛大學教授，阿爾弗雷德・諾斯・懷海德（Alfred North Whitehead）的學生。二十世紀後期對美國哲學影響最大的哲學家之一。精讀《數學原理》並改良《數學原理》（*Principia Mathematica*）。

2. 阿爾弗雷德・諾斯・懷海德（Alfred North Whitehead, 1861-1947）英國數學家、哲學家，與其學生羅素（Russell）合著三卷《數學原理》（1910-1913）。

3. 伯特蘭・亞瑟・威廉・羅素，第三代羅素伯爵（Bertrand Arthur William Russell, 3rd Earl Russell, 1872-1970）。1921年赴中國講學，1950年獲諾貝爾文學獎。

懷海德認為存有論對於哲學的目的：在於將神祕主義理性化「以有限的語言表達宇宙的無限」，對「不可說明的深刻性產生直接的洞察」。

存有論的一些探究議題，頗值得我們從事教育者好好思索。

一、「無」存在嗎？

電影《臥虎藏龍》（*Crouching Tiger, Hidden Dragon*），劇裡李慕白（周潤發飾演）向俞秀蓮（楊紫瓊飾演）說：「在我們碰觸的東西裡，沒有一樣可以說是永恆。握起拳頭裡面是空的，張開手掌，我們擁有一切。」這個「空的」一詞，就如同兒語「某某／（諧音）」存在嗎？

存有論哲學家提出「無」（none）也是一種存在，是以某種方式存

在。你眼前手機是一種存在，這種說法無庸置疑。但是如果說冰箱裡已經「沒有」食物了，這個「空的」也是一種存有。

存有論哲學家定義「存在」有兩種方式存在，第一種，實際存在的東西；第二種，理想上存在的東西，「無」就是屬於後者，是人的一種特別的念頭／想法，是實際存在的東西的一種缺然，這種缺然可能很久，也可能只是短暫一時，換句話說，長期或短暫缺然的東西，也是存在。再舉一例，如果你的家人不在身邊，可稱為一種缺然，或許他在美國，但仍是存在。

••• 念念有慈

1. 您認同「無」（none）也是一種存在嗎？
2. 任何人所知之物，皆有其缺然。凡是存在之物都是有限的（形而上學）。人有悲歡離合，月有陰晴圓缺，此事古難全，但願人長久，千里共嬋娟。

二、潛能與現實

亞里斯多德用來代表潛能與潛在性的字是 "Dynamis"，現代英文的 "dynamic"（動力、活力）就由此來。阿佛烈·伯恩哈德·諾貝爾（Alfred Bernhard Nobel），原本將他的創新爆裂物取名為「諾貝爾的爆破粉」，後來他想到 "Dynamis" 這希臘字，就改成「火藥」（dynamite）。《形上學》第九卷：人獨有一種 "dynamis" —— 理性的潛能，其他動植物則沒有。

亞里斯多德：宇宙裡每一個物體，都有其存在的目的，如椅子的目的是讓人坐。但是生物有另一種不同的潛能，稱為「dynamis（dai-na-me-s）」（潛在性）——要發展成本身的成熟狀態，如苦瓜種子發育成苦

瓜植物，鴨蛋受精就可能長成公鴨或母鴨。亞里斯多德的 "dynamis" 觀點詭異地預測了現代的基因編碼和 DNA（去氧核醣核酸）概念，如龜殼的特定使命，亦即終極目標（telos）——讓烏龜能夠自衛。

亞里斯多德：「忠於自己」就是實現你的潛能，何時開始「忠於自己」，永遠都不會遲。亞里斯多德50歲才實現潛能——寫作與教授哲學。

實現（Realise），有所意識／化為真實——英文字兩層意思（亞里斯多德的概念也包含此二意）。

好醫師須具備四件事——潛能／訓練／意圖／理性思考。好的教師是否也如亞里斯多德所謂好醫師須具備的條件一樣？

💬 念念有慈

潛能就是你存在的理由及目的。

三、意象

底下兩幅油畫與畫者的詩（如圖 12-5、12-6），好好欣賞，體悟「意象」（image）為何？

圖 12-5
貓與魚

對藝術的堅持，應該就像貓咪面對吃剩的魚骨頭。

在孤獨一人的暈黃月光下，咀嚼守護的快感。

這，就是一種過癮。

註：引自原作者陳素惠。

圖 12-6

孕與醞

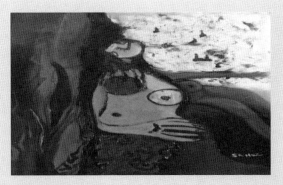

女人是孕與醞的化身，有形的孕，孕育生命。無形的醞，醞釀風華。

黃衣清瑩如月，著一襲紅底青花紗裙。

一朵赤豔在幽綠中凝望，陣痛如春夏秋冬。

收縮抽痛，屏息停止。張開兩腿，蓋一座無懈可擊之隧道。

等待我子第一聲啼哭。女人是孕與醞的化身。

註：引自原作者陳素惠。

前述提及兩種存在方式，「理想上的存在」是「實際上的存在」的意象？還是「實際上的存在」是「理想上的存在」的意象？

上面兩幅油畫與畫者的詩之間，誰是誰的意象？

四、偶然與必然

很明顯的，「必然」就是一定發生的事！關於「偶然」（contingency）該如何詮釋呢？或許可以這麼說，當事情發生的最後樣態，並非是最初始那樣、想要的那樣，簡言之，就是一切結果，不是成為當時那樣。

在這個世界裡？萬事萬物是否皆出於「偶然」還是「必然」？試著思索，就讀研究所碩士在職專班是「偶然」還是「必然」？人生三大大事：出生是「偶然」還是「必然」？婚姻的另一半是「偶然」還是「必然」？死亡是「偶然」還是「必然」？仔細探究，人生還幾乎都是偶然？還是人生都是偶然！

五、範疇

「藍色彈珠」（圖 12-7）是 1972 年 12 月 7 日由阿波羅 17 號太空船船員所拍攝的著名地球照片。當時太空船正運行至距離地球 45,000 公里（28,000 英里）之處。拍攝當時太空船正背向太陽。此時，對於身在太空船上的太空人來說，地球的大小就像小孩子玩耍的彈珠一樣，因而命名。

這是從正前往月球的阿波羅 17 號上看到的地球。這張照片涵蓋了從地中海地區到南極洲的冰冠，是首次在阿波羅的軌道裡拍攝到南極的冰冠模樣。南半球當時正被厚厚的雲層所覆蓋，但同時差不多整個非洲大陸都可見。在非洲大陸的東北邊緣是阿拉伯半島。而計畫離開了非洲大陸沿岸的大島則是馬達加斯加。至於亞洲大陸則位於東北部水平線部分（維基百科，2022g）。

圖 12-7

藍色彈珠（The Blue Marble）

註：圖片取自維基百科（2022）。**藍色彈珠**。https://zh.wikipedia.org/wiki/%E8%97%8D%E8%89%B2%E5%BD%88%E7%8F%A0

　　此時必須懷念一下美國太空人尼爾·奧爾登·阿姆斯壯（Neil Alden Armstrong, 1930-2012）登陸月球後的名言："That's one small step for man, one giant leap for mankind."

　　當年還不到 8 歲的美國總統歐巴馬發表聲明：「阿姆斯壯是最偉大的美國英雄之一，不僅在他那個時代，更是劃時代的英雄。」

　　阿姆斯壯家屬在他辭世時說：大家想念阿姆斯壯，就抬頭看看皎潔明月，對他眨眨眼，以這種簡單方式來緬懷他。眞幽默！

　　關於「範疇」（category）一詞的涵義，哲學體系的論述已經非常有系統且周密了。

　　如亞里斯多德（Aristotle, 384-322 B.C.）的「範疇」觀點立場是存在體存在的樣式（modes of being），或述詞的基本類型（basic kinds of predication）。

　　康德（I. Kant, 1724-1804）的「範疇」觀點立場是悟性

（understanding）的先然形式或思維的形式，其作用在於統一整理各種經驗的內容，使之為人所理解，並成為普效性知識，由範疇所整理出來的，即為各種形式的判斷（judgement）（國家教育研究院，2022a）。

具體而言，這個世界的結構是由許許多多的「事物」構成，這些事物具有各式各樣的「性質」，相互之間有各式各樣的「關係」。

亞里斯多德將「東西」稱為「自立體」（substances），如你、我、他／彼山、那海、此水。

「性質」（qualities）是對事物的形容，如高的、低的／粗的、細的／紅的、綠的。

「關係」（relations），如教師之於學生、母親之於女兒。

三個範疇理解各有其困難（性質難以捉摸？關係難以理解？除去性質後自立體在哪？）

哲學家探究範疇概念幾乎已經成熟、沉澱了。哲學家對「範疇」的系統觀，大致上歸納成三種觀點與立場：

第一種，萊布尼茲（Gottfried Wilhelm Leibniz, 1646-1716）建立「東西」與「東西」無實際關係的哲學系統。

第二種，黑格爾（Georg Wilhelm Friedrich Hegel, 1770-1831）建立全由關係構成的哲學系統，「東西」是一群「關係」的聚合；「性質」則是「關係」的表現。

第三種，亞里斯多德主張三者皆是基本範疇。

了解哲學的世界範疇觀，是非常重要的，因為持不同的觀點，對宇宙唯一主宰／上帝／絕對／無限，將產生不同的認知概念；對「社會最基本為何？」的觀點，也將產生不一樣的認知。不同的範疇觀點深深左右著吾人不同的宇宙觀、世界觀。

念念有慈

1. 作為領導與管理者，是否該好好的理解組織成員的範疇觀？

2. 教師人際關係與溝通，是否該好好的理解收訊者的範疇觀？

3. 「我是誰？」依範疇來分析探究，我到底是誰？把教師職稱除去；家中稱位移除……，我到底是誰？

4. 〈順治皇帝出家詩〉：「來時糊塗去時迷，空在人間走這回，未曾生我誰是我，生我之時我是誰，長大成人方是我，合眼朦朧又是誰，不如不來又不去，亦無歡喜亦無悲，來時歡喜去時悲，悲歡離合多勞慮。」我到底是誰？

拾壹 社會

談及「社會」（society）需要與「個人」相提並論。關切的重點在於：「個人」是「社會」的工具？還是「社會」是「個人」的工具？

筆者認為「社會」是「個人」的工具，「個人」藉由「社會」這個工具，實現個人的理想抱負。

換作學校的場景，學校的一切行政與教學都是為了讓學生實現潛能，如果學校的一切作為無法讓學生天賦實現，再華麗的說詞與包裝，都是裝飾而不實惠。同樣的道理，班級導師或任課教師的班級經營與教學，就是要讓學生藉此實現全人的教育，發揮個人的潛能，否則再多的班規與多元的教學都是一場空。

拾貳 法則／定律

科學家直言，這個世界由物質組成，人亦由物質組成及自然法則／定律（law）。什麼是法則／定律？爲什麼我們可以安穩地站或坐於此？是的，萬有引力所致；爲什麼海邊有浪潮？是的，地球的引力，這一切都是「法則／定律」。

希臘數學家、物理學家阿基米德（287-212 B.C.），發現阿基米德浮體原理（阿基米德原理／浮力原理）。該原理是說，「浸在流體中的物體（全部或部分）受到豎直向上的浮力，其大小等於物體所排開流體的重力。」其公式爲 F（浮力）＝G（排開流體），是流體力學的一個基本原理，適用於一切「全部」或「部分」浸入均勻液體的狀況。該法則可稱爲第一個被發現的法則／定律。

我們過去學習的數理化知識有著更多的法則／定律，如畢氏定理（Pythagorean theorem）、萬有引力定律（Newton's law of universal gravitation）、波以耳定律（Boyle's Law）、克卜勒定律（Kepler's law）、焦耳定律（Joule's Laws）、孟德爾遺傳法則等。

●●●念念有慈

十七世紀的牛頓（Sir Isaac Newton, 1643-1727），在科學上的貢獻舉世共睹。提到牛頓，讓我們來向這偉大的科學家學習：

1. 如果説我看得比別人遠，那是因爲我站在巨人的肩上（If I have seen further it is by standing on the shoulders of giants）：1676 年，謙虛的牛頓在給朋友的一封信中卻寫道／是牛頓向伽利略的致敬。1676 年，牛頓曾經如此描述這個問題：「如果我能看得更遠，那是因爲站在巨人的肩膀上。」這句話看似自謙，其實是牛頓在一封信中，與他在科學界的死對頭虎克（Robert Hooke）爭辯研究成

果歸屬時的用語，後來成為經常被引用的名言。事實上牛頓的這句名言，便是站在他人的肩膀上的結果，牛頓引用赫伯特（George Herbert）在 1651 年寫的：「侏儒站在巨人的肩膀上看得比兩人都遠。」（吳柏學，2016）

2. 臨近生命終點，評價自己：「我只不過像是一個小男孩，偶爾撿拾到一塊比普通更光滑一些的卵石或者更漂亮一些的貝殼而已，而對於真理的汪洋大海，我還一無所知。」

3. 圓融是一種本領，既可避免樹敵，又能言之有理。（Tact is the knack of making a point without making an enemy.）

4. 牛頓之墓位於西敏寺（Westminster）中殿，上方聳立著一尊牛頓的雕像，石像倚坐在一堆書籍上，身邊有兩位天使及巨大的地球造型。墓誌銘如此記載：自然和自然的法則隱藏在黑暗之中。上帝：讓牛頓出世吧！於是一切豁然開朗。～英格蘭詩人（亞歷山大・蒲柏，1688-1744）（Nature and Nature's laws lay hid in night. God said: Let Newton be! And all was light."~ England poet（Alexander Pope, 1688-1744）

5.《自然哲學的數學原理》（*Philosophiæ Naturalis Principia Mathematica*）成書於 1686 年，1687 年拉丁文版出版發行，1729 年譯成英文本，中譯本《自然哲學的數學原理》出版於 1931 年。

過去我們是以理科的思維學習理解，而現在我們要以哲學的思維，好好思索什麼叫作「法則／定律」？

首先，法則／定律的重要性在於，它把過去我們的無知頓時明朗化。中國古代，民間傳聞「天狗吃月」，因此要敲鑼打鼓，驅趕天狗，避免月亮被吃掉。隨著科學法則的發現，其實「天狗吃月」是自然界的一種現象，當太陽、地球、月球三者恰好或幾乎在同一條直線上時（地

球在太陽和月球之間），太陽到月球的光線便會部分或完全地被地球掩蓋，產生「月食」現象。顯然，法則是能夠讓我們與其他動物不同之處，更是使人成人歷程的重要梁柱，也是人類理智活動清楚和確實的最後依據，難怪阿基米德發現浮力原理時，會興奮的大叫「尤里卡」（Eureka，係指「我發現了」或「我找到了」之義）。

　　吾人對於許多生活周遭的科技或機械等設施只會使用，但是對結構卻一無所知。如虹吸原理（siphon）是流體力學的一種現象，可能許多人不知道知識內容是什麼？但是家家戶都常見的生活應用（如圖12-8）。就以大家人手一支的手機，內部建構複雜，不容易理解，但是我們都很會操作使用。「法則／定律」能讓吾人清楚、合理的看待宇宙人生。

圖 12-8
虹吸原理（siphon）

註：作者自行攝影。

　　法則／定律的存在，與一般的存在方式完全相反。這個世界萬事萬物的存在，有當下明確的位置；明確的時間；無法永遠存在（如環顧我們四周，你的筆電、手機、水杯⋯⋯，以至於我們）；不會一成不變（看看自己青年時候的照片，而今呢？嘆歲月不饒人！）；是唯一的

（同一款式的手機也不是一模一樣的，教育高談每一位學生都是獨立的個體）；存在是「偶然」非「必然」（偶然：不是成為當時那樣。亦即，有可能不成為這樣子，而成為那樣子，或甚至不存在。如人的出生？人的死亡？婚姻姻緣的另一半？）

●●● 念念有慈

看來這個世界幾乎都是偶然？但是「法則／定律」卻是必然。

讓我們再看看幾則文藝，所呈現的為什麼是「偶然」而不用「必然」呢？

《和子由澠池懷舊》～宋・蘇軾

人生到處知何似，應似飛鴻踏雪泥。

泥上偶然留指爪，鴻飛那復計東西。

老僧已死成新塔，壞壁無由見舊題。

往日崎嶇還記否，路長人困蹇驢嘶。

為什麼東坡居士會寫出「偶然」？不用「必然」？

1926 年徐志摩的一首家喻戶曉的詩，就取名「偶然」，為什麼不命名為「必然」？而且詩裡出現的都是「偶然」？

我是天空裡的一片雲／偶然投影在你的波心

你不必訝異無須歡喜／在轉瞬間消滅了蹤影

我是天空裡的一片雲／偶然投影在你的波心

……

為什麼徐志摩會寫出「偶然」？不用「必然」？

有首 1970 年代耳熟能詳的歌曲《偶然》，是 1973 年吳統雄先生在救國團中橫服務隊時，跟山野服務的輔導員集體創作（2022 年經救國團總團部社會服務處洪啟洲處長查證屬實），他清楚描述，剛開始歌曲先完成前 4 句，過了 2 年他在中橫擔任輔導員時，教一位原住民小妹妹唱這首歌，小妹妹覺得歌詞太短，於是他們又加了一段副歌共同完成（尚待考證）。

偶然　就是那麼偶然

……

為什麼歌曲名為「偶然」？不用「必然」？

但是，「法則」的存在，與這個世界的萬物卻有著完全的迥異。如數學的畢氏定理，在臺灣、北韓、美國、中國大陸、烏克蘭、俄羅斯……任何國家地區學習的畢氏定理，都是一樣的。

⋯念念有慈

「法則／定律」的存在是「必然」！如「機率」也是「必然」。你有何看法？

「萬事萬物的存有」與「法則／定律的存有」如此天差地別，就讓我們去看看哲學史上的不同觀點與立場是如何解決此差異。大致上可分成兩大板塊，實證論（positivism）與理想論（idealism）。

首先，我們來看看實證論（positivism）的觀點，認為「法則」僅是人思想的一個產物，是人意識的一部分。蘇格蘭（Scotland）的哲學家休謨（David Hume, 1711-1776）提出：「由於人的習慣，因此自然

的法則有必然性。」如我們在瓦斯上煮開水，到了水沸騰時就會不斷上下滾動流竄，因此見水加熱會沸騰，久之便成為習慣，最後形成思想。臺灣阿嬤常說：端午節之前不要把厚棉被與厚衣服收起來，也是同理。

念念有慈

1. 大衛・休謨（David Hume, 1711-1776）是蘇格蘭的哲學家，26 歲在法國定居時完成了《人性論》（*A Treatise of Human Nature*）一書。此書出版時並不賣座，後來成了哲學重要名著。此著作深深影響了另一位大哲學家伊曼努爾・康德（Immanuel Kant, 1724-1804），出生那年也是清朝雍正二年，157 公分的身高。爸爸是工匠，家境貧窮。如果選擇兩位西方哲學家作為代表人物，則柏拉圖與康德將脫穎而出。柏拉圖是希臘哲學的典範，康德是近代哲學的標竿。他們兩人的共同之處是：都活了 80 歲，並且一生未婚。至於哲學上的成就則相互輝映。

2. 康德自成一派的思想系統，核心的三大著作被稱為「三大批判」，分別闡述他的知識學、倫理學和美學思想。1781 年初版／1787 年再版《純粹理性批判》（*Kritik der reinen Vernunft*）標誌哲學研究的主要方向由本體論轉向認識論，是西方哲學史上劃時代的巨著。1788 年初版《實踐理性批判》（*Kritik der praktischen Vernunft*）主要探討道德哲學的問題。1790 年初版《判斷力批判》（*Kritik der Urteilskraft*）主要闡明人類在理性與感性的判斷力。

3. 康德是啟蒙運動時期最後一位主要哲學家，是德國思想界的代表人物。他調和笛卡兒的理性主義與培根的經驗主義，被認為是繼蘇格拉底、柏拉圖和亞里斯多德後，西方最具影響力的思想家之一。

4. 康德是近代哲學的最高峰，一生留在出生地柯尼斯堡

（Konigsberg，普魯士東部）念書、教書和做研究，沒有結婚，生活嚴守規律。原師承理性主義，但受到休謨的刺激後，決心一切從基礎開始，自己建造一個哲學體系。西方哲學傳統中，最敏銳的評價者。多年苦思之後，終於悟出一個思想的轉折點，而稱之為哲學上的「哥白尼革命」——自然的定律非由人心藉經驗得自於外，而是反之，人心天生具有一種結構，讓人不能不經驗到這些法則。就像帶紅色眼鏡的人，所看到的萬物皆是紅色，但此紅色是由己向外投射，而非先存在於萬物，然後人自外得知。

5. 康德：「由於閱讀休謨的著作，我因此從獨斷的迷夢中驚醒。」「過去我輕蔑那無知大眾，但如今我變了，自以為是的優越感消失了，我學會了對人的尊重。」

6. 關於康德，出生於德國的柯尼斯堡，一生未離開過家鄉，每天固定下午三點三十分就會外出散步，曾經有一次未出現，左鄰右舍以為發生什麼事了？原來他閱讀盧梭的《愛彌兒》而忘記散步了。而叔本華又是康德的粉絲，曾言：「想當哲學家，首先須得做康德門徒，不知康德者，只能算個蒙童。」他下午散步的時間，《創作者的日常生活》一書引用德國作家海涅的說法是下午三點半：「當康德下午穿著灰外套，拄著西班牙手杖出門，鄰居就知道那一定是三點半。」《歡樂哲學課》和《萊茵河哲學咖啡館》兩書都說，康德下午四點出門散步。《哲學的40堂公開課》一書的說法是：「下午四點三十分他會出門去散步，每天正好都是這個時間……」我認為，海涅的說法較可靠，因為他是德國人，也是第一個提及康德的散步習慣的人。我很納悶的是，這又不是上古史，才三世紀前的事，怎麼會有這種分歧的說法。如果康德看到這種分歧，想必會說，你們現代人可真沒有時間觀念（陳蒼多，2021）。

再論康德，美國哈佛大學麥克‧桑德爾（Michael J. Sandel, 1953- ）《一場思辨之旅》提出的「電車兩難」，講述了康德的「絕對道德主義」，反對拉桿換軌道，只殺死一個人，也是一種不道德的同謀。一個人是否是良善的好人，要看動機而非視其行為是否有益，是一種「絕對的命令 / 定言令式」（英文：Categorical Imperative；德文：kategorischer Imperative），是其在 1785 年的《道德形上學的基礎》中提出的概念。因此，電車問題，不會採取英國哲學家傑里米‧邊沁（Jeremy Bentham, 1748-1832）的換軌道。

念念有慈

「好撒瑪利亞人法」（good Samaritan laws）：如果你對患者提供的協助證明不會造成傷害乃至於致命，那麼你的行為無須負擔任何責任。

再者，我們來看看理想論（idealism）的觀點，認為「法則 / 定律」是獨立於人的思想 / 精神而存在的東西，屬於理想的存有。

偉大的康德調和理性主義與經驗主義對認識論 / 知識論（Epistemology）的不同觀點與立場。

康德之前的哲學家對於「認識」的問題，大致上分成兩大觀點與立場，一派是「理性主義」（Rationalism），代表哲學家有笛卡兒、史賓諾莎、萊布尼茲等人，主張：感覺和經驗並非知識的來源，只有理性才能認清事物的本質，理性本身不會產生錯誤。笛卡兒認為人類應該可以使用數學的方法，也就是理性，來進行哲學思考。提出「天賦觀念論」（Innate Ideas）與「理性演繹法」（Deductive Reasoning Method），認為上帝存在的觀念、數學原理、邏輯規則、道德原則都是從人們所普遍承認的天賦觀念出發，經過嚴格邏輯推演，就可以獲得知識，甚至真理，康德稱此為「獨斷論」（Dogmatism）。

另一派爲「經驗主義」（Empiricism），代表哲學家有培根、洛克、休謨等人，主張：一切觀念都是從經驗認識中抽象概括出來的，經驗是知識唯一的來源。人類所知道的一切除了邏輯與數學，都以感覺材料爲依據。理性若不依賴感覺和經驗，就不能給人類以現實的知識，康德稱此爲「懷疑論」（Skepticism）。亦即，懷疑一切知識的基石。

綜上所述，笛卡兒一牛頓體系在解釋宇宙結構和運動方面，已經表明人類的理智可以獲得關於世界的可靠知識。但是，洛克、休謨等則認爲人類在感覺基礎上形成的經驗，根本不可能把握這個世界的眞實存在。

準此，康德於 1781 年的巨作《純粹理性批判》（德語：*Kritik der reinen Vernunft*，也是三本經典批判最厚實的一本），調和了兩派主義的矛盾的第三條中間路線：這個世界可分爲物自體（德語：Ding an sich，英語：Thing-in-Itself），與現象界（德語：Erscheinungen）。物自體：事物本身不可知；現象界：可以被人類所認識的。

念念有慈

康德的論述也成宗教及《易經》、命理學等的支柱。想一想，科學的歷史才多久？科學之外的物自體是不可知的。

康德講述哲學的四大主題：「我們能認識什麼？」「我們應該做什麼？」「我們能夠期望什麼？」「人是什麼？」

1781 年的《純粹理性批判》回應了第一個主題，康德將理性分成理論理性與實踐理性，而純粹理性就是理論理性，亦即獨立於一切經驗的理性，通過理性的有限範圍去認識；「批判」原意是「嚴謹的思考」就是分析。簡言之就是通過純粹思辨對理性進行考察。

在康德看來，人類只能認識被人類心靈捕捉到的那部分現象，而不

能認識到真實存在本身及其規律性；知識不再由物件所決定，而是物件由我們的認識能力所決定。人類認識的世界並非世界本身，而是能被我們所認識的世界。

客觀的認識必然性與普遍性並非源自客體，而是源自認知主體，也就是人本身。有一些先天條件在邏輯先於經驗又決定經驗，這就是「先驗」。

綜上所述，康德完成了認識論上的「哥白尼革命」，這一革命的核心正是「人為自然界立法」（張明明，2015）。為什麼稱為「哥白尼革命」？因為在康德之前，人的觀念需要圍繞著對象符合對象，這種思路類似於太陽要圍繞著地球轉，但是康德指出，不是觀念要符合對象，而是對象須符合觀念。世界是人類根據自身的認識條件所認識的世界，康德的革命類似於指出了地球是圍繞太陽轉。

💬念念有慈

1. 哥白尼（Nicolaus Copernicus, 1473-1543），波蘭人，以「地球為宇宙中心」的學說，倡議「天體運行論」，一切天體的運行，都是圓周式的圍繞著一個中心運轉，此中心很接近太陽。此一學說被視為自然科學的一大革命，促成科學研究方法的革新，以及建立人類新的宇宙觀。

2. 只要對人類科學、文化……等發展所締造的輝煌成就，不論是何領域，如有哥白尼般的突破與創新，產生有如哥氏般的影響與貢獻，便稱為「哥白尼式的革命」（Copernican Revolution）。

3. 舉個列子，「哥白尼式的教育革命」，係指西洋教育史上由盧梭（Jean Jacques Rousseau）所引發的哥白尼式的教育思想革命及其運動。盧梭是近代自然主義教育（Naturalistic Education）的倡導者，奠定兒童中心（Child-Centered）的教育理論基礎，而被尊為

「近代兒童之父」。因此，盧梭提倡自然主義的教育學說，並極力推展自然教育的運動，將傳統以教師權威、書本教材及管教訓誨為中心的教育作了大轉變，建立一套與傳統教育迥然不同的教育模式與實施計畫，對後來教育發展的影響至深且巨。如民主主義教育、進步主義教育、自由開放教育等的推動，可以說是源自盧梭的自然教育學說與精神。由於盧梭教育學說的原創性、革新性及影響性，可與哥白尼相媲美，是以稱為「哥白尼式的教育革命」（國家教育研究院，2022b）。

康德純粹理性的威力直接波及上帝，人們靠感官捕捉到的影像不能代表真實世界，而只能代表太虛幻境。人們用有限的感官功能去體察上帝和靈魂存在，無異於痴人說夢話，沒有人有權利可以武斷地承認上帝的存在。

雖然康德用理性否定了上帝，卻又決定用實踐理性使上帝被接受。1788 年的《實踐理性批判》回應了第二與第三個主題，主要強調人的道德行為，也就是理性在道德上的功能。實踐理性要高於純粹理性，人的認識最終還是要為道德服務。實踐理性要想讓道德行為成為可能，必須肯定三個假設：人的自由、靈魂不死、上帝存在。此三個假設將人的道德價值提高到自我與上帝的高度，也就是康德所謂的道德形而上學。書中，康德主要討論了倫理學問題，闡明了人的倫理行為的動力和規範，從倫理道德和信仰的角度說明設定上帝存在、靈魂不滅和意志自由的意義。

1790 年的《判斷力批判》回應了第四個主題。實踐理性會影響純粹理性，道德會影響人的知識，自由必定影響了必然。而《判斷力批判》就旨在解決前兩個批判中闡明的必然和自由之間的對立。溝通純粹理性和實踐理性的橋梁，訴諸以審美，就叫作判斷力，判斷力在美學和

自然界的作用，正式把必然和自由結合起來達到最後的和諧。人，理性完整的人，把純粹理性與實踐理性統一起來。

康德大學畢業到 1770 年，稱爲「前批判時期」，此時康德專研牛頓力學、自然科學，受萊布尼茲哲學影響很深。

1770 年到完成三大批判，稱爲「批判時期」，此時康德專研認識論、倫理學和美學，並對獨斷論展開了批判。

盧梭的思想：「人類的思想之上還應有著人類的尊嚴、權力和自由，如果一個思想者的思想不能幫助人類確立自身的權利和自由，那他什麼也不是。」深深影響著康德，從此放棄純粹思想之說。準此，牛頓的自然科學體系、盧梭的自由學說，幾乎影響著他的哲學課題。

康德提出「二律背反」（Antinomy），係指關於一個問題，雙方各形成了自己的學說，兩種學說相互矛盾，但卻各自成立。《純粹理性批判》列舉出四組二律背反（國家教育研究院，2000a）。康德認爲是因爲人沒辦法認識「物自體」，人的認識由「感性」階段進入「知性」，最後進入「理性」。感性通過感官感受，知性通過先天的綜合判斷都可以認識現象世界，如人通過感性知道萬物的顏色、味道、大小等；通過知性掌握萬物的概念和範疇。但是這一切只是認識到現象世界，無法把握本質的世界，即物自體。理性不滿足於感性和知性的能力限制，於是追求著無限永恆的物自體。可惜，理性在認識時超越自己的經驗界限，企圖通過有條件的、相對的現象知識去認識宇宙理念或物自體時，依據普遍承認的原則建立起來的兩個命題就會必然出現矛盾衝突，也就產生了「二律背反」。講得更簡單就是，人的認識只能限於現象世界，物自體對人來說，永遠不可知。舉個例子，正常視力的人看綠色與色盲的人所見會不同。

叔本華是康德的粉絲，曾經說過：想當哲學家，首先須得做康德門徒，不知康德者，只能算個蒙童。

康德一生未婚，80 歲時靈魂奔向上帝報到。

念念有慈

如果你接受了康德的「二律背反」（Antinomy），此刻起，你在看待這個世界或周遭的人、事、物時，該以什麼視域再出發呢？是否可以不要再如此的「執著」？

「理想的東西」存在的方式

哲學家對於「理想的東西」存在的方式歸爲三種觀點與立場：

一、柏拉圖：理想的東西**獨立於**實際的東西而存在（也是提出法則／定律問題的第一人）。

二、亞里斯多德：理想的東西存在，但是未脫離實際的東西而存在，理想的東西只存在實際的東西裡。東西都有一結構或形式稱爲「本質」（Essence）會重現自己。因此，吾人的精神能夠看出規律，亦即法則／定律。

定律只**顯現**於思想，而**不是存在**於思想，理想的東西基礎在本身，並對世界有效。

三、康德：理想的東西只**存在**於思想中。東西的結構是吾人思想裡法則／定律的投射（projection），並對世界有效。

自然的法則／定律不是由人心藉著**經驗**得自於外，而是相反，人心具有一種結構，讓人不能不**經驗**到這些定律。如帶綠色眼鏡的人，所看到的萬物都是綠色，但此綠色是由己向外投射，而非先存在於萬物，然後人自外得知。

念念有慈

1.哲學家對於「理想的東西」存在的方式的三種觀點與立場不易理

解，需要用心思考，你是誰的粉絲呢？

2. 歐洲的哲學家幾乎都採其中之一的觀點。哲學基本上是針對上述三種觀點反思而形成的。

拾參　知識

　　談「人與知識」，先讓我們看一則流傳著很著名的「把槍口抬高一公分」。這則事件原委是東德於 1982 年制定《邊界法》，規定「為了阻止正在發生的犯罪行為，使用射擊武器攻擊人是合法的。」柏林圍牆倒塌之後的德國，於 1991 年 9 月，統一後的柏林法庭上，舉世矚目的柏林圍牆守衛案開庭宣判。這次接受審判的是四個年輕人，30 歲都不到，他們曾經是柏林圍牆的東德守衛。柏林法庭最終的判決是：判處開槍射殺克利斯的衛兵英格‧亨里奇三年半徒刑，不予假釋。他的律師辯稱，他僅僅是執行命令的人，根本沒有選擇的權利，罪不在己。主審法官西奧多‧賽德爾指出：「東德的法律要你殺人，可是你明明知道這些逃亡的人是無辜的，明知他無辜而殺他，就是有罪。作為警察，不執行上級命令是有罪的，但是打不準是無罪的。作為一個心智健全的人，此時此刻，你有把槍口抬高一厘米的主權，這是你應主動承擔的良心義務。」（言九林，2022）

念念有慈

1. 這則流傳的報導是否全然正確，不是那麼重要了，給予人們的啟示才是重點，對於從事教育工作的我們啟示又是什麼？

2. 賽德爾：「不是一切合法的就是對的。」（Not everything that is legal is right.）「在二十世紀末，代表權力機構去殺民眾時，沒有人

有權利忽視自己的良心。」（At the end of the 20th century, no one has the right to ignore his conscience when it comes to killing people on behalf of the power structure.）你有什麼想說的？

知識是什麼？我們先看看「知識的擬人化形象」（希臘語 "Επιστημη"，英文 Episteme），中文有「認識」或「了解」的意涵，位於小亞細亞（土耳其）以弗所的塞爾蘇斯圖書館有其原文（維基百科，2020h）。

知識是知識論的主題之一，知識的定義是知識論中重要的課題。但是有關知識的精確定義，至今知識論學者仍然存在不同的解讀。柏拉圖曾提出知識定義，一個陳述要成為知識，必須符合三個準則（JTB 理論）：被證實的（justified）、真的（true）與被相信的（believed）。

1963 年，美國哲學家愛德蒙德・葛梯爾（Edmund Gettier, 1927-2021）提出葛梯爾問題（Gettier problem），認為上述的三個準則不是知識的充分條件（Stanford Encyclopedia of Philosophy, 2022）。

讓我們先回溯到西元五世紀末的西西里島（義大利語：Sicilia）有一群「懷疑論」（Skepticism）哲學家，其中有一位叫郭甲式（「又裝死」，以臺式閩語諧音來唸）（Gorgias of Leontinoi, 480-380 B.C.），就當作是他們的班代吧，他提出了所謂的「懷疑論」的三論述：

論述一：這個世界沒有任何東西存在（Nothing exists）；

論述二：這個世界若有東西存在，我們也不能認識它（Even if something exists, nothing can be known about it）；

論述三：這個世界有東西存在，也能認識它，我們也不能把它傳達給別人知道（Even if something can be known about it, knowledge about it can't be communicated to others. Even if it can be communicated, it cannot be understood）。

非常令人無法接受，這在說什麼啊？如果這個世界真是如此這般，肯定會使人產生如夢似幻，如虛似幻，恍如隔世的幻覺呢！那真是所謂的是莊周夢蝶呢？還是蝶夢莊周呢？

拿出哲學素養，細細品味一些語詞，再次去感受上述的論述。

在村上春樹《世界盡頭與冷酷仙境》裡寫著：世上存在著不能流淚的悲哀，這種悲哀無法向人解釋，即使解釋人家也不會理解。它永遠一成不變，如無風夜晚的雪花靜靜沉積在心底（村上春樹，2014）。

《金剛經》：一切有爲法，如夢幻泡影，如露亦如電，應作如是觀。

《紅樓夢》第五回賈寶玉夢遊太虛幻境時，在一個大石牌坊上看到的一副對聯「假作真時真亦假，無爲有處有還無」。

郭甲式（Gorgias）的論述，如果相信了它，那人生的意義與生活態度會如雪崩瓦解。無論你的看法如何？畢竟深深影響著當時的人們思想，兩千年後，勒內・笛卡兒（René Descartes, 1596-1650），法國哲學家、數學家，對於郭甲式（Gorgias）的論述深入地探究思索。基本上，他可以稱爲懷疑論的最有名的後繼者，發揚光大者。

他認爲我們的五官會蒙蔽我們，如夢中的你，爲什麼相信那是真的？如尿床的夢。甚至理智都有可能欺騙，如數學教師有時候在黑板解題時，也出現錯誤的事實。但是笛卡兒最後確定「當下在懷疑一切都不是真實的『我』，100% 是存在的。」因此，提出哲學名言「我思故我在」（Je pense, donc je suis），據此以「我在」演繹與複雜的心理學分析出萬事萬物的存在。

雖然如此，對於「懷疑論」所提的或許是「真理」吧？

兩部電影，1998 年的《楚門的世界》（The Truman Show），真實生活與真人實境秀無法區辨？與 2010 年的《全面啟動》（Inception），夢境與現實難以區分？就很容易理解「我思故我在」，將「思」譯爲「懷疑」，更有助對其理解（張明明，2015）。

⬤⬤⬤念念有慈

1. 笛卡兒是早產兒，體弱，時常臥床。某日見房間屋頂角落的蜘蛛結網，創發了笛卡兒直角坐標系，就是我們中學數學的幾何學裡的直角坐標系。

2. 瑞典女王非常賞識笛卡兒的哲學論述，將其邀約至瑞典講述哲學給她聽，最傷腦筋的是女王喜歡在清晨五點聽課，可想而知，體弱的笛卡兒勢必更早起床打點準備課程，久之累垮了，最後一堂課講完後說著：「靈魂該上路了。」享年 54 歲。

在本單元關於知識，有兩個概念提出，一則為「我的優越性」（non-I），另則為「情感經驗」。

「我的優越性」係指有東西存在優先於「我存在」，以自己親身遇到的最優先。「我的優越性」對於「沒有學生，就沒有教師；沒有教師，就沒有行政；沒有行政，就沒有校長。」的啟示是什麼？

「情感經驗」係指世界存在與萬物的確實性需要靠「知識」與「情感經驗」。此點筆者感受強烈。學生時代寫作文用到「以淚洗面」、「鼻酸」等詞彙，似乎只是應用，實則毫無感受。筆者 2008 年 1 月初，面臨自己最摯愛的父親的那一刻，一路上的眼淚，才深深感受、了解與體悟出何謂「以淚洗面」、「鼻酸」！

美國哲學家詹姆斯（William James, 1842-1910）：「唯有經歷過類似經驗的人，才會完全相信有一個世界存在。」

讓我們再次閱讀清代袁枚《祭妹文》、宋代歐陽修《瀧岡阡表》與唐代韓愈《祭十二郎文》，試著用情感經驗感受領悟吧！

清・袁枚《祭妹文》

　　「嗚呼！生前既不可想，身後又不可知；哭汝既不聞汝言，奠汝又不見汝食。紙灰飛揚，朔風野大。阿兄歸矣，猶屢屢回頭望汝也。嗚呼哀哉！嗚呼哀哉！」

宋・歐陽修《瀧岡阡表》

　　「吾之始歸也，汝父免于母喪方逾年，歲時祭祀，則必涕泣，曰：『祭而豐，不如養之薄也。』間御酒食，則又涕泣，曰：『昔常不足，而今有余，其何及也！』吾始一二見之，以爲新免于喪適然耳。既而其后常然，至其終身，未嘗不然。」

唐・韓愈《祭十二郎文》

　　「嗚呼！言有窮而情不可終，汝其知也邪？其不知也邪？嗚呼哀哉！尚饗。」

●●●念念有慈

1. 要得知這個世界的存在和宇宙萬物的完全確實性，不能只憑知識。你同意嗎？
2. 請進一步剖析「情感經驗」？

　　關於求知，賈伯斯（Steven Paul Jobs, 1955-2011）的名言值得作爲座右銘："Stay Hungry, Stay Foolish".（史蒂芬・保羅・賈伯斯 2015年美國史丹福大學畢業典禮，受邀演講的經典名言。）

　　「盲人摸象」係根據《大般涅槃經》中一則譬喻而來，經云：「爾時大王，即喚眾盲各各問言：『汝見象耶？』眾盲各言：『我已得見。』王言：『象爲何類？』其觸牙者即言象形如蘆菔根，其觸耳者言

象如箕，其觸頭者言象如石，其觸鼻者言象如杵，其觸腳者言象如木臼，其觸脊者言象如床，其觸腹者言象如甕，其觸尾者言象如繩。」

⋯⋯念念有慈

實物皆極複雜，真理更複雜。

拾肆 真理

「真理」的英文 "Truth"，法文 "La Vérité"，"Veritas" 羅馬神話裡是「真理女神」（Goddess of Truth）。德國哲學家阿圖爾・叔本華（Arthur Schopenhauer, 1788-1860）曾經說過：「所有的『真理』都經過三個階段：首先，倍受嘲笑；其次，受到強烈反對；最後，不言自明的被接受。」（All truth passes through three stages: First, it is ridiculed; Second, it is violently opposed; Third, it is accepted as self-evident.）「真理可以耐心等待，因為真理永存。」

⋯⋯念念有慈

1. 阿圖爾・叔本華（Arthur Schopenhauer, 1788-1860）是英國哲學家路德維希・約瑟夫・約翰・維根斯坦（Ludwig Josef Johann Wittgenstein, 1889-1951）欣賞的哲學家。叔本華深深影響了尼采（Friedrich Wilhelm Nietzsche, 1844-1900）、沙特（Jean-Paul Charles Aymard Sartre, 1905-1980）等哲學家，開啟了非理性主義哲學，尼采非常喜愛叔本華的《作為意志與表象的世界》（*Die Welt als Wille und Vorstellung*），曾作《教育家叔本華》（*Schopenhauer*

als Erzieher）來紀念叔本華。清末明初國學大師王國維的思想也深受叔本華的影響，在其著作《人間詞話》以叔本華的理論評宋詞。

2. 維根斯坦在 8-9 歲時內心思索著：「如果撒謊對我有利，為什麼我要說實話？」關於此，你想說什麼？

「真理」為何物？真是難理解啊！我們以「情為何物？」〔〈摸魚兒雁丘詞〉，金代元好問（1190-1257）：「問世間，情為何物，直教生死相許。」〕改寫成「真理為何物？」「問世間，『真理』為何物，直教生死難明。」

美國哈佛大學以 "Veritas" 作為校訓，耶魯大學是 "Lux et Veritas"（光與真理），加州大學是 "Vox Veritas Vita"（遵循真理為生命之道），都含真理；國內的大學，以「真理」命名的真理大學，學校網頁寫著：「大學理念，這就是真理。」

哈佛大學校長凱薩琳・德魯・吉爾平・福斯特（Catharine Drew Gilpin Faust）於 2017 年 8 月 29 日對 2021 屆新生集會致詞（Freshman Convocation Address to the Class of 2021），提到「真理」（Drew Gilpin Faust, 2017）：

First, universities are about knowledge and the pursuit of truth.

We believe that the pursuit of truth requires a continuing process of testing and reassessment, of argument, and challenge and debate. We are never so complacent as to believe we have unerringly attained it. Veritas is both aspiration and inspiration. We recognize there is always more to know, so we must be open to new ideas and new perspectives, to the possibility –

even the probability – of being wrong.

a former dean of the Faculty of Arts and Sciences, the late Jeremy Knowles, described what he saw as the most important goal of higher education: it was, he said, to ensure that graduates can recognize when "someone is talking rot." You learn this through challenging and being challenged, through being confronted by disagreement and difference and amidst it all finding your way.

亞里斯多德，是真理理論的濫觴與始祖，在其《形上學》（*Metaphysics*）：

TO SAY WHAT IS THAT IT IS NOT,
OR OF WHAT IS NOT THAT IT IS,
IS FALSE;
WHILE TO SAY OF WHAT IS THAT IT IS,
OR WHAT IS NOT THAT IT IS NOT,
IS TRUE.

中譯為「是其所非，或非其所是，是為假；而是其所是，或非其所非，是為真。」（歐陽教，2002）再白話一點中譯就是：「是什麼說成不是什麼，不是什麼卻說是什麼，這是假的；是什麼就說是什麼，不是什麼就說不是什麼，這是真的。」如《史記‧秦始皇本紀》趙高對秦二世，指鹿為馬，就不是「真理」！

宗教信仰之能成為真理，是含括在其讓我們「覺得好」而不是在其他因素上（William James, 2005）。詹姆斯在 1907 年出版《實用主義》（*Pragmatism*），"Pragmatism" 借用自皮爾斯（Charles Sanders Peirce,

1839-1914），皮爾斯提出一個避免模稜兩可、不夠精確的哲學方法，詹姆斯繼續推演成為一個關於眞理的理論。不同意在一個不斷變化的世界中有絕對的眞理，認為眞理是暫時性的，而非依絕對的標準存在。絕對的道德標準必須退讓給將人類的情況與經驗考慮進去的價值觀。

詹姆斯繼《實用主義》之後，將自己所有討論眞理的文章彙集成《眞理的意義》（The Meaning of Truth）一書，認為我們的宗教信仰之能成為眞理，是含括在其讓我們「覺得好」而不是在其他因素上。雖然當時造成許多爭議，但是百年後，探討「眞理」的聲音卻似乎寂靜無聲了。

一、我們來看看文學家、藝術家的「眞理」觀點是什麼？

德國約翰・沃爾夫岡・馮・歌德（Johann Wolfgang von Goethe, 1749-1832）：「眞理就是火炬，同時也是一支巨大的火把。因此我們都想瞇著眼睛走過去，甚至擔心會被燙傷。」

冰心／謝婉瑩（1900-1999），晚年被尊稱為「文壇祖母」，第一部詩集《繁星》寫道：「眞理，在嬰兒的沉默中，不在聰明人的辯論裡。」

西班牙裔美國哲學家喬治・桑塔亞那（George Santayana），在其《美感》一書中：「當眞理再無其他實際的用途時，眞理就宛若一片風景。」

法國學院藝術畫家朱爾斯・約瑟夫・萊菲博瑞（Jules Joseph Lefebvre）《眞理女神》（M. L. Reynaud and the Prince Imperial, 1874）。

網路上流傳著一則「眞理與謊言」的故事，在 1896 年被法國畫家尚一李奧・傑洛姆（Jean-Leon Gérôme）繪成〈眞理從井裡出來〉（The Truth Coming Out Of The Well）。

再觀佛教裡記載著「盲人摸象」的故事，《涅槃經》卷三〇：「其

觸牙者，即言象形如萊茯根；其觸耳者，言象如箕；其觸頭者，言象如石；其觸鼻者，言象如杵；其觸腳者，言象如木臼；其觸脊者，言象如床；其觸腹者，言象如甕；其觸尾者，言象如繩。」

十九世紀美國詩人薩克斯（John Godfrey Saxe, 1816-1887）也寫了哲學寓言（Philosophical Parable）有關的瞎子摸象的詩《The Blind Men and the Elephant》。在「『知識』單元——懷疑論」提及：有無東西存在？能認識？有無「眞理」存在？

耶穌說祂來到世界只有一個目的就是「特爲給眞理作見證，凡屬眞理的人都聽我的話。」耶穌說：「我就是道路、眞理、生命。若不藉著我，沒有人能到父那裡去。」（約翰福音 14：6）彼拉多問耶穌：「『眞理』是什麼呢？」

二、從哲學的角度談「真理」

一般而言，如果某「東西」符合我們認知的事實，就可以稱這個「東西」是「眞」的。哲學上區分兩種「眞」，「存有論上的眞」（ontological truth）與「邏輯上的眞」（logical truth）。

「存有論上的眞」係指這個東西與我們的思想認知是一致的，如見到銀樓擺置的金飾，我們會說這是「眞」的金飾。本文不做這方面的探討。

「邏輯上的眞」係指我們的思想認知符合這個東西，而不論這個東西是否存在於這個世界，亦即指「命題」爲眞，如命題：「今天（2022年 5 月 20 日）桃園市龜山區銘傳大學桃園校區上空晴空萬里。」上述命題爲眞，必須對這個世界的所有人，在任何時間，都是眞的，是絕對的。命題的敘述說清楚講明白，眞理是絕對的。

眞理是絕對的嗎？在這個世界的幾何系統與邏輯系統裡，眞理是相對的。這個世界的幾何系統，除了我們中小學的數學課本裡的歐幾里得幾何系統外，還有諸多幾何系統，如羅巴契夫斯基幾何系統、黎曼幾何

系統。不同的幾何系統導致不同的幾何命題的眞或僞，如三角形的內角和是多少？在歐幾里得、羅巴契夫斯基、黎曼幾何系統，所得的結果分別是等於 180 度、小於 180 度、大於 180 度。再如通過直線外一點，有幾條直線與它平行？在歐幾里得、羅巴契夫斯基、黎曼幾何系統，所得的結果分別是一條、無限多條、零條。

不只是幾何系統，邏輯也是如此，不同的邏輯系統導致不同的邏輯命題的眞或僞，如數學裡的三一律與邏輯裡的排中律，這些命題要成立，須是在懷海德與羅素的古典邏輯系統／經典邏輯系統（Classical Logic）。

既然選擇不同的幾何或邏輯系統會產生命題眞僞的昨是今非，此一時彼一時也的嚴重困惑，所以哲學要關注的是「爲什麼要選擇此系統？而不選擇那系統？」如二十世紀大科學家愛因斯坦（Albert Einstein）的相對論（Theory of Relativity）是在黎曼系統下才成立的。愛因斯坦不是用擲筊的方式選擇系統，而是基於「此系統並非實際存有，而是此系統有用。」

念念有慈

1. 歐幾里得（Euclid, fl. 325-265 B.C.），被稱為「幾何學之父」。

2. 尼古拉・伊萬諾維奇・羅巴契夫斯基（Nikolay I. Lobachevsky, 1792-1856），俄羅斯數學家，非歐幾何的早期發現人之一。

3. 格奧爾格・弗雷德里希・伯恩哈德・黎曼（Georg Friedrich Bernhard Riemann, 1826-1866），德國數學家，黎曼幾何學創始人，奠定廣義相對論數學的基礎。

4. 在邏輯中，排中律（tertium non datur）聲稱對於任何命題 P ∨ ~P，只有其一為真。如今日早餐吃了？沒有吃？只能其一成立。

5. 三一律，a、b 兩數大小關係，a > b、a = b、a < b 三種情形中恰有

一種，而且僅有一種會成立。

6. 懷海德（Alfred North Whitehead, 1864-1947），英國數學家、哲學家。

7. 伯特蘭・亞瑟・威廉・羅素（Bertrand Arthur William Russell, 1872-1970），英國哲學家、數學家和邏輯學家。

綜上，「有用」（有利其發展理論／解釋）的命題就是真的命題，換句話說「真理就是實用」。這是實用主義（Pragmatism）的真理觀點，主要由美國哲學家詹姆斯（William James）發展出來的。如此，困擾來了，「實用」與「真理」能劃上等號？而且真理也轉為相對的？

●●●念念有慈

威廉・詹姆斯（William James, 1842-1910）自小對哲學很有興趣，在美國與歐洲接受家庭教師及私立學校的教育，在巴黎學習藝術，後選擇醫學。最後將學術興趣轉向哲學。

按亞里斯多德的觀點，命題為真須符合事實，其餘的命題只能稱為「有用的」。

再則，命題為真須符合事實，問題是何謂「符合事實」？舉個例子來說，「這棵樹的樹葉是綠色的」，這命題符合事實嗎？夜深時，這棵樹旁沒有任何燈光，你看到的樹葉還是如大白天一樣的綠色嗎？生理學家提出，人的眼睛看見的萬事萬物的顏色，是光波刺激眼睛產生的效果，實際上沒有外在的顏色（如圖 12-9）。因此，「符合外在事實，為真」有待再商榷。

哲學家對於「真理」的觀點立場，大致上區分為「觀念論」（Idealistic）與「實在論」（Realistic）所提出的觀點。兩造觀點不同

圖 12-9

綠色楓葉經過不同燈光照射後，呈現出紅色或藍色的楓葉

註：作者 2022 年 8 月 20 日（六）攝於臺北市林森北路的林森公園行道路旁。

關鍵在對知識的看法有差異。

　　「觀念論」認為知識是被「**創造**」出來的，是由人心創造出來知識的對象。被認識的東西都是在認識活動之「內」被認識。還記得康德的比喻，戴上綠色眼鏡看東西，東西是綠色，但是東西本身並非綠色，而是我們的投射所致。

　　「實在論」認為知識是被「**理解**」出來的，我們所認識的東西，是認識一個老早就已經以某種方式存在於認識活動之外的對象。被認識的東西都是在他認識之「外」認識。如胡塞爾（Edmund Gustav Albrecht Husserl, 1859-1938）：「人的認識最好被比喻成光源照物，當光源射出光線照在黑暗中的某物時，此物在光線之內，而非在光源之內。」

　　「觀念論」也好，「實在論」也好，你認同哪個都好，重要的是對「真理」的觀念，一個人的選擇必須是不可妥協（compromise）的，選擇後要始終如一，不可妥協，任何妥協後的就不再是真理了。

　　舉個例子：

　　先穿插一則德國哲學家、實驗心理學家古斯塔夫・西奧多・費希納（Gustav Theodor Fechner, 1801-1887）有個著名的心理學實驗。

　　1863 年，愛琴海小島一尊維納斯女神雕像，從長眠的地底被挖出土，重新站在世人眼前，她是西元前一百多年希臘雕塑最盛時期的代表作，她的上半身和下半身的比例正是 1：1.618（1 + $\sqrt{5}$ /2）。

　　1876 年，費希納將 10 個不同比例的白色矩形擺放在一張黑色的桌子上，問受試者哪一個看起來最令人激賞。35% 的受試者表示喜歡邊長比符合黃金比例的矩形；40% 的受試者選擇了趨近於這個比例的矩形；而沒有任何人將黃金比例選作是最不喜歡的比例。這也是數學提到的黃金比例，生活周遭的人如果身形成黃金比例，無論身高如何，視覺理論上應該好看。

　　認識費希納的著名實驗及本尊後，以他的論文一段話，提供讀者進一步理解什麼是「一個人的選擇必須是不可妥協的，選擇後要始終如一。」

　　德國心理學家費希納的一篇論文所言：「白天的世界和夜晚的世界做了比較，結果發現夜晚的世界裡，沒有顏色，沒有聲音，只有一些形狀和機械的動作。於是，決定放棄這一種夜晚的世界觀。」這就是真理！「一個人的選擇必須是不可妥協的，選擇後要始終如一。」

ᐧᐧᐧ 念念有慈

1. 實用主義（Pragmatism）強調「實踐」（Praxis）意義的美國實用主義。

2. 查爾斯・桑德斯・皮爾斯（Charles Sanders Santiago Peirce, 1839-1914）《*The Fixation of Belief*》（1877）、《*How to Make Our Ideas Clear*》（1878）。

3. 威廉・詹姆士（William James, 1842-1910）《*The Will to Belief*》

（1879）、《*Varieties of Religious Experience*》（1902）、
《*Pragmatism*》（1907》

4. 杜威（John Dewey, 1859-1957）《*Reconstruction in Philosophy*》
（1920）、《*Human Nature and Conduct*》（1922）、《*Experience and Nature*》（1925）。

有時候，只需要改變你的觀點就能懂得別人的真理（Dan Brown, 2018）。

拾伍 思想

談到思想（thought），讓我們先來看一則網路有關「想法如何影響一個人」的笑話故事。

有一間專門賣梳子的經銷商，老闆突發奇想有個創意，要員工到佛寺去賣梳子給和尚？底下是六位員工的「念頭」所採取的言行：

第一位員工，直接的反應，說著：「和尚都是光頭，怎麼可能會需要用到梳子呢？」心裡罵著老闆頭腦壞掉！

第二位員工，走入佛寺，硬著頭皮向和尚說：「幫忙買個梳子？」結果被和尚以無此需求婉拒。

第三位員工，走入佛寺，向和尚說：「幫忙買個梳子？如果您不買，我很可能會被老闆開除。」結果和尚被激起同情心，買了一隻梳子。

第四位員工，走入佛寺，向和尚說：「幫忙買個梳子？讓來此祈福求願的信眾或上香者，能夠梳理頭髮。」結果和尚聽了以後，覺得很好，就買了三百隻梳子。

第五位員工，走入佛寺，向和尚說：「幫忙買個梳子？印製寺名，贈與來此祈福求願的信眾或上香者。」結果和尚聽了以後，覺得很好，

就買了五千隻梳子。

　　第六位員工，走入佛寺，向和尚說：「幫忙買個梳子？印製佛法，贈與來此祈福求願的信眾或上香者，能夠帶著平安返回。」結果和尚聽了以後，覺得太好了，就買了二萬隻梳子。

　　雖然是編撰的笑話故事，給我們的啟示：一個人的「思維」會深深影響著其言行。因此，我們應該好好的了解「思想」到底是怎麼一回事？

　　有關思想的藝術作品，首當被提及的當是〈思想者〉（法語：Le Penseur；英語：The Thinker），又稱〈沉思者〉。是法國雕塑家奧古斯特·羅丹（法語：Auguste Rodin, 1840-1917）最早安置在群雕「地獄之門」橫楣上的一座銅雕，後來羅丹及其學生重塑了該雕像，成為羅丹著名作品之一。雕像人物俯首而坐，右肘支在左膝上，右手手背頂著下巴和嘴唇，目光下視，陷入深思（如圖 12-10）。目前全世界有 41

圖 12-10
沉思者的原始塑像

註：沉思者（2022 年 6 月 20 日）。載於維基百科。https://zh.wikipedia.org/w/index.php?title=%E6%B2%89%E6%80%9D%E8%80%85&action=history
　　沉思者的原始塑像，位於巴黎的羅丹美術館。

座，前 25 座爲羅丹親翻，後 26 座則是羅丹基金會於 1998 年翻製（維基百科，2022i）。

我們臺灣擁有 3 座，亞洲大學買了前 25 座裡編號第 18 號的〈沉思者〉，置於亞洲現代美術館；前 25 座裡編號第 25 號的〈沉思者〉，由清華大學購置於旺宏館；臺南市的奇美博物館收購了前 25 座裡編號第 10 號的〈沉思者〉。

一、沉思者雕像的認識

沉思者雕像表達了義大利中世紀詩人但丁・阿利吉耶里（義大利語：Dante Alighieri, 1265-1321）對地獄的種種罪惡及人間悲劇進行思考，在對人類表示同情與愛惜的同時，內心也隱藏著苦悶及強烈的思想矛盾。

雕像最初的名字爲「詩人」（The Poet），是羅丹受巴黎裝飾藝術博物館（Musée des Arts Décoratifs, Paris）之託爲其門飾所設計的群雕的一部分。主題的靈感來源於詩人但丁《神曲》（義大利語：*Divina Commedia*）中的「地獄篇」，羅丹給該群雕命名爲「地獄之門」（The Gates of Hell），意涵爲「從我這裡走進苦惱之城，從我這裡走進罪惡之淵，你們走進來的，把一切的希望拋在後面。」（維基百科，2022i）。

念念有慈

1.「地獄之門」與但丁（Dante Alighieri, 1265-1321）有關，但丁生於義大利的佛羅倫斯（Firenze），義大利語的奠基者，歐洲文藝復興時代的開拓人物，歐洲偉大的詩人與作家。以史詩《神曲》留名後世。被放逐時，曾在幾個義大利城市居住，並將一生中的恩人與仇人都寫入《神曲》中，一切都是象徵性的。將自己單相思的戀人

貝雅特麗齊（Beatrice），25 歲就去世的美女，安排到天堂的最高境界，把政敵送入地獄。

2. 義大利的佛羅倫斯，有「文藝復興的搖籃」之稱，徐志摩在詩集《翡冷翠的一夜》中將此城名稱譯為「翡冷翠」。類林語堂將「靈感」（inspiration）中譯為「煙士披里純」。真是一絕。

一張幼兒沉思的照片（如圖 12-11），很具有「思想中」的氛圍，另外有一幅畫《書和一個女孩》是由巴西的若塞‧費爾拉茲‧德‧阿爾梅達‧茹尼奧爾（José Ferraz de Almeida Júnior）所繪製的，讀者可在網路上搜尋賞析。

圖 12-11
沉思童

註：作者自行拍攝，照片中兩歲幼女為康秝菲／心心（2021 年 3 月 1 日）。

讓我們回到哲學，來談談思想。「思想」是什麼？亦即，「思想」如何協助吾人認識萬事萬物？「思想」怎麼形成的？科學研究領域裡「思想」是如何進行的，又扮演什麼角色？「思想」有什麼價值？

《牛津辭典》與《劍橋辭典》對於「思想」（thought）的釋義如下：

《牛津辭典》（*Oxford Dictionary*）：

An idea or opinion produced by thinking, or occurring suddenly in the mind.

《劍橋辭典》（*Cambridge Dictionary*）：

the act of thinking about or considering something, an idea or opinion, or a set of ideas about a particular subject.

簡言之，思想就是每一個「觀念」或「概念」的活動。

如你在想什麼？我在想「念念有慈老師的教育史哲學」。思想是想像、回憶及意識裡連續出現的一切活動。但是本節要探究的「思想」，係指科學上的思想，它需要具有嚴肅性、規律性，終極目標是爲了能獲得「知識」。

我們每一個人都有思想，但是我們眞的會思想嗎？馬丁·海德格爾在《*What is called Thinking?*》提出「在這些發人深省的時間內最發人深省的是什麼？是我們還不思考。」（Heidegger, Martin, 1976）

生活中，存在的東西，用看的就知道了；不存在的東西，去想也沒有用。如某人失戀了，最常聽到的安慰語：「都分手了，再想他／她也沒有用啦！」如此看來，思想在我們生活中並不那麼重要的樣子？其實不然。

嚴謹說來，哲學在分析思想是有一套邏輯程序的。對於已經顯現的東西，思想上採用的是「觀察」，所謂的觀察，不是走馬看花，是要有深度與廣度的「觀」。

清朝文人沈復所著的生平自傳《浮生六記》中的一篇〈兒時記趣〉，描述的十分貼切。

「余憶童稚時，能張目對日，明察秋毫。見藐小微物，必細察其紋理，故時有物外之趣……」

人觀察的工具，最根本的是五覺：視覺、聽覺、嗅覺、味覺與觸覺。

以視覺為例，曾經紅極一時，由阿牛作詞與曲的〈對面的女孩看過來〉裡的一段「對面的女孩看過來，看過來，看過來……我左看右看上看下看，原來每個女孩都不簡單，我想了又想猜了又猜……」原來視覺還要很費心的下功夫呢！

再以生活中購買新衣服為例說明，到服飾店購新衣，會如何觀察新衣呢？經驗上，針對擺飾著的衣物，左看右瞧上觀下顧；比較不同形式的衣物；看看今年流行什麼款式？當然此時應該已經花了一段時間在服飾店裡了。

我們在嚴謹周密的觀點分析「觀察」，會發現原來「觀察」還真是一門學問啊！

大家試著想像，你眼前筆電螢幕上，畫了一個幾何圖形：圓，如果將此圓內用藍色塗滿，你會如何回應筆電上的東西呢？一般人的會說：「藍色的圓餅圖」，但是我們在仔細分析所觀察到的「藍色的圓餅圖」後，將會發現另有內容，如圓餅的顏色（color）？多大的圓餅（area）？什麼形狀（shape）？什麼色調（hue）？亮度（bright）？圓餅圖在筆電螢幕這個承載物（carrying thing）上？當然背景（background）也是，將圓餅圖改成白色，與背景色一樣，我們就觀察不到了。

從此可以得知「觀察」實非易事，這還是眼睛見到的東西，如果是看不到的東西，那難度可真是有挑戰。如教師面對學生犯錯之後，認錯所表示的後悔：「老師我錯了，下次不敢了……」，如何觀察是真心誠意？還是虛偽的欺騙？更何況觀察眼前的這個東西「美否？」更是難上青天啊！

胡塞爾的現象學方法論（Phenomenological Method），對「觀察」

是一種很細膩的方法論或技術。接下來我們就順著胡塞爾的思想去旅
行吧！

●●●● 念念有慈

胡塞爾曾說：有情的眾生與無情的天地截然對立，不是一個合理思考
的起點。

1905 年胡塞爾（E. Husserl, 1859-1938）已著墨現象學「懸擱」
（Epoché）的概念。1906-1907 年，胡塞爾在講課上首次提出「懸擱」
的概念。

1913 年胡塞爾的《純粹現象學通論》（*Ideen zu einer reinen
Phänomenologie und phänomenologischen Philosophie. Erstes Buch:
Allgemeine Einführung in die reine Phänomenologie*）的重要理論，有
「懸擱」的概念。

胡塞爾解釋現象學的著作，包含晚年未完成的著作《歐洲科學的
危機與超越論現象學》（*Die Krisis der europäischen Wissenschaften
und die transzendentale Phänomenologie: Eine Einleitung in die
phänomenologische Philosophie*）都有這個「懸擱」的概念。

二、懸擱／懸置／存而不論的意涵

"Epoché"在一般中譯的哲學書籍中，譯成「懸擱」或「懸置」或「存
而不論」。透過「懸擱／懸置／存而不論」（Epoché）是胡塞爾現象
學方法（Phenomenological Method）中的重要步驟。「懸擱／懸置／
存而不論」取自古希臘懷疑論（Skeptism），係指對一切可疑的東西先
予以暫時懸擱／懸置／存而不論，不作判斷。

胡塞爾認爲一般自然科學與文化科學研究，都是採「自然態度」，

設定世界為事實，將認知侷限於「感官知覺」可以立即直接感知／受到的現實、具體的東西，但是卻不反思能知的我，是何以知到的？也不仔細觀察所知的東西，為什麼是真的？「現象學」則超越「自然態度」，以能知自我的純粹意識與本質直觀／異常清晰的直覺（eidetic intuition），以及所知東西的本質作為反省對象，以成為嚴格知識／嚴密的科學（rigorous science）自許。

胡塞爾認為現象學必須效法笛卡兒（René Descartes, 1596-1650）以「普遍懷疑」（universal doubt）為方法，尋求知識基礎的方法，將「自然態度」擱置，同時也將「自然設定的經驗世界」與「心理自我」排除於純粹我思（pure ego）之外，放入「括弧之中」（parenthesizing），使它不影響我的認知、思維與判斷。亦即，懸擱／懸置／存而不論，不在否定「經驗事實」或「心理自我」的真實存在，只是將它暫時擱置／存而不論，使它不能對我發揮干擾作用，產生影響。

如此就可從「自然態度」中得到解放，悠遊自在於理念的本質世界，「心理自我」也躍升轉為「先驗自我」（transcendental ego），其純粹意識就能夠以「本質直觀／異常清晰的直覺」（eidetic intuition）觀照東西的本質。

●●●●念念有慈

先驗與後驗（維基百科，2018）：

1. 先驗（拉丁語：a priori）係指「來自先前的東西」，或引申為「有經驗之前」。近代西方傳統中，認為先驗指無須經驗或先於經驗獲得的知識。它通常與後驗知識相比較，後驗指的是「有經驗之後」，即需要經驗。這一區分來自於中世紀邏輯所區分的兩種論證，從原因到結果的論證稱為「先驗的」，而從結果到原因的論證

稱為「後驗的」（拉丁語：a posteriori）。

2. 先驗知識與後驗知識的區別，可從下例體會：

先驗命題：「如果喬治五世在位至少 4 天，那麼他的在位超過了 3 天。」這是先驗知識，因為它所表達的內容僅根據理性便可得出。

後驗命題：「喬治五世從 1910 年至 1936 年在位。」這是後驗知識，因為它所表達的內容不能僅根據理性得出。

綜上所述，在日常生活中，我總是以自己所「認知」的世界基本理解和各種信念詮釋任何東西。「懸擱」就是要把我對世界整體和某東西的信念（belief）或「有效性」（validity）（或許是來自我的經驗、知識、學習等所具有的認知）先暫緩。

現象學的「懸擱／懸置／存而不論」步驟如下：

步驟一：擱置自然態度。將自然態度所設定的自然世界，也就是在我面前立即／已經陳顯的外在世界，以及我的意識都先擱置，放入括弧內。

步驟二：暫時停止判斷。對一切存在於時空之中的事實存有（factual being）不加以否定／排除，也不作任何判斷。

步驟三：排除自然的知識。暫時停止對自然世界的判斷，也就不再接受任何自然科學的知識，只能先將這些知識放入括弧內。

步驟四：採取現象學態度（phenomeno-logical attitude）。同時採取兩行動，澄清自我意識與直觀東西的本質。主要在排除經驗因素後，剩餘不可再排除的「純粹意識」（pure consiousness）或「意識」，亦即「現象學的殘留」（phenomenological residuum）。

●●●念念有慈

1. 用篩子淘金，直至金礦顯現。「懸擱／懸置／存而不論」並非現象學方法的全部，除了「懸擱／懸置／存而不論」，胡塞爾的現象學

方法亦包括「現象學還原」（phenomenological reduction）、「自由／本質變異」（free/eidetic variation）、「本質直觀」（eidetic intuition）。

2. 「懸擱／懸置／存而不論」只是胡塞爾現象學方法論的第一頁，僅涉及「懸擱／懸置／存而不論」，其實尚未登門入室，充其量只能說才到大門口而已。如果只強調「懸擱／懸置／存而不論」而不緊接其後的方法，很容易誤解整個胡塞爾現象學方法的重點核心。

對「A 東西」完成「懸擱／懸置／存而不論」後，接著我要以不同的態度觀察「A 東西」（原來的東西）。換句話說，「懸擱／懸置／存而不論」後不是不再觀察世界的東西，反而懸擱／懸置／存而不論之後「再觀察」東西，是現象學方法另一個相當重要的大事。

「懸擱／懸置／存而不論」之後還剩下什麼呢？

「懸擱／懸置／存而不論」之後，留下來的東西，其實仍是這世界本身一切的東西，只是此時「再觀察」的態度（phenomenological attitude），已經與之前的我看待任何東西大大的不同了。

這種「不同的態度」是什麼意思？

在《純粹現象學通論》中，胡塞爾描述了一般人在日常生活中抱持的對世界的基本理解和各種信念，包括我自己的存在、世界的存在、世界上除了「我」以外還有「他人」的存在，此種種近乎常識的描述都概括為「自然態度」（natural attitude）。

自然態度最大的特徵，就是存有關於世界的基本信念（belief）。無論我在做什麼，打從心裡我也必須預設一個對「世界存在」的基本信念。

哲學家的素養是心中總是會提出一般凡夫俗子不會質疑的問題，胡塞爾亦復如是。面對我們存在的複雜世界和東西各式各樣的現象，胡塞爾提出質疑：「我們所具有的這些信念的依據為何？更準確地說，我們

憑什麼可以說這世界存在呢？世界和總總世界中的事物到底是如何向我們呈現，使得我們一開始就相信它們存在呢？」

念念有慈

蘇格拉底的遺言：「未經檢視的人生，不值得而活。」

胡塞爾認為，唯有把各種對世界和東西的信念暫時放下，我才能透澈地描繪這些東西的全貌，甚至探究關於世界和這各種東西的信念依據。因此，提出「懸擱／懸置／存而不論」，先放下以上的信念，將它們放進括弧，讓這些信念暫停運作。所以「懸擱／懸置／存而不論」就是把東西先暫時地放入括弧裡的比喻，目的在暫緩長久以來根深柢固在我腦海裡信念的運用，以獲得反思東西的距離和空間的步驟。

念念有慈

將腦袋放空，暫時遺忘過去對此「東西」的信念——所經驗、學習……。才能獲得「反思此東西的距離和空間的步驟」。

我已經把對此東西的信念暫緩後，接著就需要以「新的角度／視野」看待此東西。拋開對世界的信念後，我發現世界並無隨信念消失；相反，世界現在如其所如地向我呈現。

念念有慈

1. 懸擱／懸置／存而不論對萬有引力的信念，再以「新的角度／視野」觀察、推論萬有引力，此時萬有引力並不會消失不見，反而，

我們更感受到萬有引力的一切信念（含原先已經在我們腦海裡的信念）。

2. 現象學提供一個新的視野角度；不進入、不抽離，而是在兩者之間游走，將一個思考的過程精細地分類和思考。由獨立存在的東西到感知東西的我，再延伸到與我同樣的他人，現象學都細膩地檢視。並不是只高舉著理性和懷疑，而是透過承認東西真實存在並有不同面貌／樣態，以肯定各種自然的感受，過程中的態度不是排除，而是接受和審度。

3. 宋代的青源禪師：「老僧三十年前來參禪時，見山是山，見水是水；及至後來親見知識，有個入處，見山不是山，見水不是水；而今得個體歇處，依然見山還是山，見水還是水。」由此得來人生三個境界：「看山是山，看水是水；看山不是山，看水不是水；看山還是山，看水還是水。」只是此時的彼山、那水，已經不是你原先腦海裡的彼山、那水了。

4. 看開？看透？

5. narrative research 敘事研究？

6.《QBQ！問題背後的問題》？

三、「現象學還原」的初步意涵

當我觀察世界中各種東西時，如我眼前的筆電、杯子、椅子、過去學習認知的萬有引力定理、畢氏定理……等等，這些東西都有一個特徵：它們的呈現方式，都是「向著我／我的意識呈現」。換句話說，審度我觀察東西存在的信念是否可靠前，東西其實已經以某種方式向我的意識呈現，而此最原初的呈現樣態，就是我可以談論「某東西是否存在」或「我對這東西的存在信念是否可靠」的基礎。因此，要審度我們

觀察世界和東西的信念，第一步要做的就是把東西「還原」爲向意識呈現的某東西，再仔細考察東西呈現方式與意識的關係。這就是「現象學還原」的初步意涵。

四、初步還原之後，描述東西與我的意識的關係

如果在登山的路程中，我看見一隻臺灣黑熊，然後我描述「我看見一隻臺灣黑熊」，這並不是「現象學還原」。「現象學還原」是什麼呢？是描述經驗中所涉及的本質項目，以上述「我看見一隻臺灣黑熊」爲例，其實這裡涉及到「看見」或是「知覺」（perception）的本質、「臺灣黑熊」的本質等等。意思是說，現象學描述中，我們所關心的，並不是個別經驗東西的特殊性質，而是某東西賴以成爲某東西的性質，胡塞爾將「某東西賴以成爲某東西的性質」，稱爲「本質」。

五、本質還原（Eidetic Reduction）

胡塞爾提出兩種方式，一種是「自由變換」（free variation）與「想像變換」（imaginative variation），另一種是「本質直觀」（eidetic intuition）。

(一)「自由變換」與「想像變換」

我在觀看家中客廳那盆蘭花盆栽時，我當下的心情、室內外的溫度……等的變化，蘭花盆栽可能會對我呈現不同的面貌／樣態，甚至對於專業人員也會如此。如對蘭花業者（種植蘭花的花農）、畫家（喜歡以蘭花爲題材的作畫者）、花店（販賣蘭花盆栽的花藝店員）、科學家（想從蘭花抽取某種物質元素的科研人員）……等的人而言，蘭花的各種現象面貌／樣態，會依不同的專業觀點，各有不同呈現。

在我諸法皆空的自由想像中，這些各式面貌／樣態，刪除了那些變異／差異的部分後，是否還存留共同一致的／始終不變的部分、自我同

一的性質？如果存在，那我就是找到了現象變化中的不變項，這就是東西之所以成爲東西的本質。

念念有慈

諸法皆空，自由自在？

(二)「本質直觀」

「本質直觀」的方法很直接、有些神祕。我在第一眼的直觀當中無法迴避的最初直覺，這個最初的直觀直覺是從我第一次看見東西，直到後來的經驗中會一再出現的基底／基礎現象。一個新的現象出現，若缺少了這個基底／基礎現象，我立即就能判斷這不是原先的現象。

如我第一次見到芒果，雖然芒果有各式各樣的品種（土芒果、愛文、金黃、凱特……），但是一定有個對芒果一再出現的基底／基礎現象，若有人拿了一根香蕉給我看，此時我缺少了芒果的基底／基礎現象，我立即能判斷它不是芒果（不是原先的現象）。

「本質直觀」並不容易，它要求強度很高的想像。我要能夠想像不可能的樣態，要能夠看到不可能、不可思的樣態，要有能力超過習慣的東西、一般經驗的東西。

大部分的人活在現實的普遍性上，看東西總是以自我的經驗將它們的狀況視爲理所當然，很少會去思考它們可能會有的不同樣貌以檢驗它們的必要性。

念念有慈

1. 習焉不察？

2. 捕捉創意性的驚奇。

3. 獲得本質需要有創造性的想像力。

   追逐真理需要依靠想像，因為當離開實存的東西，進入概念的錘煉時，就必須倚靠對未見東西的想像。胡塞爾舉了一個例子：當探索「人是什麼？」時，可以閱讀科幻小說／電影，而「科幻小說／電影要注意的並不是它的場域、科技與我的相異，而是主角與我有多少相似／相同。」

4. 生命的直覺感。

5. 童話故事《國王的新衣》裡頭的孩子，就不能理解為何其他人看不見國王沒有穿衣服，孩子看見了就是看見了，他不會接受任何社會化的將錯就錯。

6. 童言童語～真心話？

我不知道如何說明，我與真實世界的接觸並不是幻想／作夢，並不只是主觀的投射。笛卡兒的「我思故我在」（我懷疑，所以我存在）是我對外在東西的知覺，可能只是自己內心的觀念或投射，只是由「我」的內心／思想產生，卻無法認知／證明外在世界存在的真實性，「真理」也因此無法探究，所以只能退回到自己的內在世界裡，與自己對話而已。現象學透過思考意向的種類及所連結的概念，從而讓我的心智再次回到真實世界，承認東西的真實存在。

我走在臺北 101 大樓之下，觀看臺北 101 大樓，在某一時刻、某一方位，臺北 101 大樓只有特定的「某一面」對我顯現，而其餘的並不顯現（我看不到）。但我可以繞著臺北 101 大樓走一圈，那些原本不顯現（看不到）的面，就會進入我的視野，但是此時原先顯現的面，卻看

不見了。

我透過不同方式體驗一個東西：同一個「面」以不同的角度和距離而成為「面向」，觀看時又成為「輪廓」。前二者具有公共性／共同性，而後者則不然，帶有個人性質。換言之，即使觀察相同的「面」和「面向」，「輪廓」亦可以不同。

與此同時，「臺北101大樓」並不是「輪廓」的總和，因為「輪廓」是片面的。相反，「臺北101大樓」來自各個「輪廓」的同一性質的後設認知（metacognition）。

東西並不總是由「我」的觀點建構而成，而是有實際的「面」和「面向」，與個人的觀點結合成為「輪廓」。

念念有慈

1. 輪廓：構成圖形、物體的外緣或主要線條。

2. metacognition 統合認知／後設認知？

3. 「橫看成嶺側成峰，遠近高低各不同。不識廬山真面目，只緣身在此山中。」（蘇軾《題西林壁》）

4. 到醫院看診，醫師問診完後，就在病歷單上寫下那「我們永遠看不懂的英文單字」；不過，其實就算讀得懂病歷單的英文，我們都不會知道是什麼藥，但對護理師／藥劑師就不同了，他們看病歷單就開始取藥了。我與護理師／藥劑師之間是有差異的，知覺上，護理師／藥劑師曾經經歷那些醫師寫的「看不懂的英文單字與句子」與藥之間的連結，當護理師／藥劑師再次／每次看到醫師寫的病歷單，這個連結就會被重新喚起（calling），而我只知道是一堆「看不懂的英文單字與句子」，但也不會將它們誤以為是毫無意義的符號。

5. 馬克・吐溫（Mark Twain）曾言：每個人都是月亮，總有一個陰暗面，從來不讓人看見（Everyone is a moon, there is always a dark

side, never let people see）。

6. 現象學態度：在這世界裡，我變成是一位不涉局的觀察者、旁觀者，觀看的是我與這個世界及其各種東西，進行質疑與思考。

綜上所述，胡塞爾原先是數學家，1891 年出版《算術的哲學》（*The Philosophy of Arithmetic*）。佛列格批評他將算術系統建立在心理程序，猶如將大廈建在沙灘上，嚴重混淆了邏輯與心理學。胡塞爾坦然接受這項批評，決心為數學和所有的科學尋找一個在理想上沒有任何預設的最穩固的基礎——依他的了解，就是「回到事物本身」。

他將其師布倫達諾（Franz Brentano, 1858-1917）的「描述心理學」，極盡謹慎地往這個目標逐漸改良成一種「現象學」，9 年之後發表在《邏輯研究》（*Logical Investigation*, 1900-1901）和《觀念》（*Ideal*, 1913）。

胡塞爾的現象學為達到上述的目標，採用「懸置／懸擱／存而不論」（Epoché）和「自由變易」（free variation）的方式，去觀察、描述和分析顯現在意識內的現象本質。

胡塞爾：「不要浪費時間在東西堆積起來的詮釋，尤其不要花時間在質疑東西是否真實。也就是說，先別管這東西的實質如何，只管盡可能描述它。」

他的現象學方法，在二十世紀的歐洲大陸廣受歡迎，明顯影響了存在主義學家馬丁·海德格（Martin Heidegger）、保羅·沙特（Jean-Paul Sartre）、西蒙·波娃（Simone de Beauvoir）和莫里斯·梅洛龐蒂（Maurice Merleau-Ponty），以及其他許多領域，特別是社會學、語言學和認知科學。

六、對於未顯現的東西，思想的方式就需要靠「推論」

常言「一葉知秋」，就是最簡明的推論之例，怎知秋天報到？一片葉子的落下，就可揣測出秋天敲門了，揣測即推論。宋代蘇軾的〈惠崇春江晚景〉：「竹外桃花三兩枝，春江水暖鴨先知；蔞蒿滿地蘆芽短，正是河豚欲上時。」詞裡「春江水暖鴨先知」，也是推論的明證。

整理上述「觀察」與「推論」是吾人認識東西的方法，觀察的心法是採直接、直覺、心靈；推論則有邏輯的味道。

推論是什麼？數學裡的乘法就是一種推論的練習，如123456789×987654321＝？法官判案也是靠著推論，推論有一套簡易的公式：「前提規則」。

前提：「已知為眞的命題（proposition）／敘述（statement）以某種方式接受為眞的命題／敘述」。

規則：「If A then B」。

舉個例子，「天下雨，則地上溼。」這是筆者在高中時數學邏輯單元的例子。

七、推論的規則有第一類型與第二類型

第一類型是絕對可靠的規則（If A then B），如斯多葛學派（Stoics）的肯前規則（modus ponendo ponens）（If A then B）、三段論法（Syllogism）。

第二類型是 If A then B is true；If B then A is true？

如「我是教師，則我是人」為眞時，但是「我是人，則我是教師」此命題卻是僞（可能錯，就是不眞）。如果第二類型要成眞，難說服邏輯。雖然第二類型推論，在邏輯學而論，實難以 100% 獲肯定，但是日常生活裡卻出現頻率很高，甚至可以說幾乎都是此類型推論獲得認識。如日本很風行的「骨牌遊戲」（Domino）就屬於此推論，當第一

支骨牌倒下，後面 k 個骨牌也都全倒，則最後一支骨牌一定倒。高中數學的「數學歸納法」（Mathematics Induction）也是此種推論，如證明底下命題為真。

$$1 + 2 + 3 + \cdots + n = \frac{n(n+1)}{2} , \forall n \in N$$

Pf:

(1) 若 $n = 1$ 時，左式 $= 1 = \dfrac{1(1+1)}{2} =$ 右式

(2) 假設 $n = k$ 時，原式（命題）成立，即 $1 + 2 + 3 + \cdots + k = \dfrac{k(k+1)}{2}$，$\forall k \in N$

則 $n = k + 1$ 時

左式 $= 1 + 2 + 3 + \cdots + k + (k+1)$

$\qquad = \dfrac{k(k+1)}{2} + (k+1)$

$\qquad = \dfrac{k(k+1) + 2(k+1)}{2}$

$\qquad = \dfrac{(k+1)(k+2)}{2}$

$\qquad = \dfrac{(k+1)((k+1)+1)}{2}$

$\qquad =$ 右式，故 $n = k + 1$ 時原式成立

(3) 綜合 (1) 與 (2)，可知：$\forall n \in N$，原式（命題）成立。

學習化學週期表，得知白磷（P_4）的熔點是 44.4℃，但是並非每一次白磷（P_4）的熔點都是 44.4℃，這是採第二類型推論所得知識，此知識卻有誤謬。

念念有慈

1. 三段論法（Syllogism）是由三個判斷組成，即大前提、小前提、結論三個部分，每一部分都是直言判斷。如亞里斯多德的經典「Barbara」三段論：「希臘人是人；人都會死；希臘人都會死。」（Jan Eukasiewicz, 1981）。希臘哲學家亞里斯多德（Aristotle, 384-322 B.C.）把這種三段論法，視為論證的極致（國家教育研究院，2022c）。

2. 肯前規則（modus ponendo ponens）是古希臘斯多葛學派（Stoics）提出，若接受了「If A then B」命題，而且接受前項 A 為真，則吾人必須接受後項 B。

綜上所述，第二類型推論獲得的知識，可以說非常不可靠。不過我們許多的知識都是如此被認識。如此延伸對於科學的知識，吾人須檢視質疑其侷限性。

自由主義學者胡適：「做學問要在不疑處有疑，待人要在有疑處不疑。」從事知識的探究，對於習以為常的知識，應提出質疑，哥白尼的日心說就是典例。

針對第二類型獲得的科學知識，面對自然科學時，我們該採取的態度是自然科學的理論或知識永遠不是完全確實的「真理」，自然科學能夠和實際達到的，只是在機率（probability）上為真而已，此種機率是無法計算的，如「黑天鵝理論」（Black Swan Theory）、COVID-19、Omicron 都是不確定性，甚且是激烈不確定性。不同於日常生活的某些機率是可計算的，如生活中彩券的中獎機率。

再舉個第二類型推論的例子，中國作曲家和民族音樂學家王洛賓創作出許多著名的詞曲，如《青春舞曲》，詞曲開端「太陽下山明早依舊爬上來，花兒謝了明年還是一樣的開。」

　　但是在生活中，未必如此嗎？早晨校園操場的跑道上，總會見到勤於晨運的許多長者，我總是禮貌性的向長輩們大聲問好，而且每天看著他們離開，不加思索地認為明天一定再見！如此的慣性思維日復一日。有幾天，不見一位長輩，脫口問了其他長輩，才知道那位長輩的靈魂已經在幾天前奔向上帝了。

　　溫室效應的影響，造成花季都亂了，如杜鵑花未必在三月開花？鳳凰花好像也不是在畢業季開花了？這一切的推論，都是認為前天發生，昨日亦發生；今日發生，認定明天一定也會發生，日復一日，周而復始，年復一年，未來亦復如是。問題在於此過程中，無法確保哪天會出現「不發生」而導致永不再發生？

　　機率讓我們確定會如此這般，但是我們卻不知如何可能或拿什麼理由來確定萬事萬物會一定如何？

念念有慈

自然科學的定律一定具備有「一致性」？

　　準此，真的自然科學具有很高的實用價值；能幫助我們解釋自然現象為何如此的上策；政治的意識形態（ideology）或威權不可凌駕於科學的專業；日常現象已經非常明確的事實應放棄科學理論（盡信書不如無書）；科學在領域外的權威不應跨域獨尊（即使獲得諾貝爾物理獎的科學家，面對藝術也不可以「權威轉移」！）更何況，實有的世界裡，有許多的領域尚未被人探測，甚至接近它們都不可能。如人的問題、60% 的工作尚未被發明等。

···念念有慈

面對學術應該謙卑（humble）。

反思哲學存在意義是什麼？既無法製造晶圓片，也無法研發 AI，但是哲學能夠嚴格把關的是批判偽思想，捍衛真思想。

王駱賓先生與三毛女士，有過一段過往（王海成，2005）：

> 「我親愛的朋友，洛賓：
>
> 萬里迢迢，爲了去認識你，這份情，不是偶然，是天命。沒法抗拒的。
>
> 我不要稱呼你老師，我們是一種沒有年齡的人，一般世俗的觀念，拘束不了你，也拘束不了我。尊敬與愛，並不在一個稱呼上，我也不認爲你的心已經老了。回來早了三天，見過了你，以後的路，在成都，走得相當無謂，後來不想再走下去，就回來了。……（略）」
>
> 三毛　公元 1990 年 4 月 27 日

練習題：推論兩人的情感是「友情」？「師生情」？「父女情」？「愛情」？……？

拾陸 價值

「價值」（value）是什麼？「評價」又是什麼？身爲教師、爲人父母，如果不清楚其意涵，如何對學生、孩子倡導「正確價值觀」？「建立正確價值觀」？本節我們應該好好的理解「價值」與「評價」。

懷海德（Alfred North Witehead）：「人生活於觀念中。」個人的

觀念形成後，經過評估，產生了意圖或觀點，如「我願意」、「我想要」、「褒貶」，這都是「評價」的結果。每個人生活中總有價值的意識，如果自己不做評論，周遭同事、親友，甚至時間或其他外在力量也會為他做抉擇的（趙一葦，1998）。

約翰・沃爾夫岡・馮・歌德（Johann Wolfgang von Goethe, 1749-1832）是德國大文學家，他鄙視「理論」與「思維」，不能認同它，形容好像沒有認知的野獸一樣，不知道自己整日在做什麼？在《浮士德》寫著：「理論是灰色的，生命之樹常青。」（德文：Grau, teurer Freund, ist alle Theorie; Und grün des Lebens goldner Baum.）

當然這種觀點單擺擺過頭了，但是仔細想想歌德自有其弦外之音吧？是否生活或生命中還有重要的東西？值得我們一起思索。

生活裡處處出現生活考題或生命考題，如為什麼選擇銘傳大學教研所？為什麼出國旅遊選擇某國家？為什麼買這廠牌的電器產品？為什麼買這牌子的手機？為什麼……？這一切都與「價值」與「評價」有關聯。

看來人日常的生活，並非只需要「理論」與「思維」而已，在許多時候都在做評述「價值」的事。想一想，我們大部分生活需要花時間做「價值」的評述，如法國存在主義哲學家馬塞爾（Gabriel Marcel, 1889-1973）：「你不是在戲院裡看戲的人。」這句話的隱喻用意，在提醒我們應該實際投入真實生活中，不能只做個旁觀者（bystander）。

看來取其平衡自有其必要，如理論與實務，孰輕孰重？愛情與麵包，孰輕孰重？水與電，孰輕孰重？

反思我們的日常生活，「理論」與「思維」作為認識萬事萬物很重要，但是理解「價值」與「評價」更有必要，畢竟有太多的生活或生命問題抉擇需要倚靠它。

有關探討價值的本質、價值判斷的性質，以及價值在人類個人、社會與文化生活中的地位等稱為「價值論」（axiology），希臘字母"axios" 如英文的 "worthy" 係指值得的東西或具有某價值的東西，logy

係指對某對象之系統研究。

綜上，「價值論」係指對價值問題的系統研究（國家教育研究院，2022d）。亦即，試著澄清我們生活中各種價值的一種理論。

••• 念念有慈

1. 價值澄清法（Value Clarification）著重價值形成的過程。
2. 情意領域常用的教學方法是價值澄清教學法（Value Clarification Pedagogy），請說明其意涵。

我們在前章節討論知道，認識是獲得知識的歷程，知識是認識的結果，在認知的歷程中，幾乎都需要做取捨，因此必須判斷抉擇。評價（evaluation）是一種判斷，價值是評價的判斷。

一、價值是什麼？哲學大致上歸納成三種觀點

第一種觀點：這個世界任何東西本身都沒有價值，它的價值完全由人的思想、判斷與經驗而賦予。因此，東西的價值存在於人心之內。

第二種觀點：這個世界任何東西都已經具備價值，價值存在於東西之內。因此，東西的價值存在於人心之外。

第三種觀點：這個世界任何東西的價值，完全來自於人評價的結果，在主、客觀條件下，評價其間的價值關係。因此，東西的價值存在於人心之外。

二、價值區分為「外在價值」與「內在價值」

「外在價值」（extrinsic value）：評價東西時，著重東西的**實用或功能**，而非東西的本質，如功能、效能，亦稱為「工具價值」。

「內在價值」（intrinsic value）：評價東西時，著重東西的**本質**，

而不以東西的實用或能力，如眞理、幸福等，亦稱爲「本質價值」。「內在價值」在心靈領域又可區分爲：道德的、美感的與宗教的。哲學上以道德價值討論的最多，琢磨最少的是宗教價值。宗教的內在價值，對於信徒是最能體悟的，在遭遇人生關卡瓶頸時，宗教的力量是無與倫比的。

道德價值的核心在是否實踐（praxis）？著重「應該做」（should do），如在大眾交通車廂裡，見到老弱婦孺，應該讓位或協助。美感價值與宗教價值著重於「應該成爲」（should be），如這棟大樓應該採用白色壁磚較好。

三者以宗教價值最難理解，且不同於道德價值，如弒親，道德價值判定爲「惡」（evil），但是在宗教價值稱爲「罪」（sin）。

●●●念念有慈

法國哲學家拉畢（Louis Lavelle, 1883-1951）所撰的《四聖人》《*The Four Saints*》是一本談宗教價值的名書。

三、「價值」與「評價」的意涵與關聯

我們時常開口輕易的就高談闊論「價值」是什麼，又對人、事、物做出各種主觀「評價」。但是深入探究，將會發現要理解「價值」與「評價」不是那麼容易的。

讓我們再談談價值與評價間的概念，大致可區分成三種不同的概念：

第一種概念：有一個實在的東西，能被賦予正面價值或負面價值，稱爲「評價」。

第二種概念：東西能被「評價」是因爲它具有一種「價值」。

第三種概念：吾人對於「價值」領悟之後的情意或態度。

四、讓我們再回首思考價值有什麼特性？

第一個特性：價值是一種顯學，價值本身存在，獨立於人心而存在，是一種理想的存有。

第二個特性：價值如果與理想的存有比照，發現又不完全如理想的存有，如畢氏定理是「**事實**怎麼一回事」，但是價值這種存有是「**應該**怎麼一回事」，類似命令。

第三個特性：價值這種類命令，康德稱爲是「無條件的」（categorical），「絕對命令」或「定言令式」（Categorical Imperative），也就是不會反問爲什麼？不同於「技術上」的命令，如我們在汽車教練場學習考照，在轉彎時，教練總是會命令不要加油，「『含』著油門即可」，這種命令是有目的，爲了安全，亦即可以反問教練爲什麼要如此。

第四個特性：人領會到此絕對命令或定言令式，立刻受到衝擊影響，產生心流，如聽到有人弒警，當下一定會非常氣憤，人神共憤，但是至於激動的程度也會受人當下的生理、心理狀況反應而有差異。

●●●念念有慈

1. 2022 年 8 月 22 日，嫌犯林信吾襲警造成臺南市員警曹瑞傑、凃明誠不幸殉職一案震驚全臺，經過 17 小時不間斷的追捕緝凶，終於在 23 日凌晨 4 時許將其逮捕歸案。讓我們為因公殉職的兩位警察致上最虔誠的致意！在天安息！

2. 絕對命令／定言令式（Categorical Imperative），是康德在 1785 年的《道德形上學的基礎》書中所提出的哲學概念。

五、評價

一般而言，「評價」（evaluation）係對「價值」的領悟，領悟「價值」之後，所引發的一種反應。既然如此，我們可以理解「評價」已經不等於原來東西的「價值」本身了。既然兩者不是同一回事，那接下來的關注在於「先有雞？還是先有蛋？」的困惑了？亦即，是「先有價值？才有評價？」還是「先有評價？才有價值？」還是兩者無先後之別，是另一種關係？

上述提問，哲學有不同觀點立場：

(一) 第一種觀點：價值會變

「『價值』本身的相對性與變遷性，足以解釋『評價』的相對性與變遷性。」因此認為「『價值』是『評價』的「沉澱物」（precipitate, ppt）。」亦即，東西先被吾人「評價」，之後慢慢地就產出「價值」了。由此定論，吾人對東西的「評價」會因為主、客觀因素而改變，所以**「價值」也會改變**。

(二) 第二種觀點：價值不會變

認同「『評價』會因為主、客觀因素而改變，但是『價值』不會改變，是恆久的。」提出這種觀點者認為，「評價」會隨主、客觀因素而改變，但是「價值」不會改變，因為之前已經提過「『評價』係對『價值』的領悟，領悟『價值』之後，所引發的一種反應。」關鍵就在於，當時當下的人無法真正的領悟出「價值為何？」才造成誤解為「價值」也會改變。就以「地心說」都被當時視為真的，究其因就是當時當下的人僅能如此的認知領悟而已，所以反應的答案就是如此，更何況是對「價值」的領悟呢？

···念念有慈

1. 康德提出這個世界的萬事萬物有「物自體」與「表象界」，因此不同的人，很難能對「價值」有相同領悟，更甚者，每個人的價值的領悟範疇、能力各有長短，因此對人的評價一定要格外的謹言。

2. 對學生的評價，是否該更謹慎，保留呢？亦即，就教育意義而言，若不了解學生的言行，就不應該輕率的譴責學生的瘋狂吧？

3. 是否智能越高的人，領悟價值能力就越強？在評價的世界裡，有無可能出現菁英中的殘缺？

六、「價值」與「評價」會不會改變？

從「評價」思考，既然價值可分類為「外在價值」與「內在價值」，「外在價值」顯然會變化，以選購手機為例，就能理解。「內在價值」以道德價值而言，道德都會隨著時代、文化、種族……等而改變，所謂此一時也，彼一時也。「美感價值」亦然，唐朝時代的美女與宋朝時代的美女標準就有相當落差。宗教也隨著時代而有所改變，基督教義也與早先有差異，佛、道教的許多祭祀做法也有所更替。由此看來，「價值」與「評價」都會改變？

···念念有慈

1.「價值」似「教育」，價值有其不變，亦有其變。價值因人而起，人都有不變的本質，所以價值有其不變之處；人的見解會受主、客觀因素影響，因此價值會有所改變。

2. 既然價值有其不變之處，哪些價值永不改變呢？

以實踐哲學角度，「這個世界，身為人，應該就其一切可能地去了悟價值，並理解價值，最後誓死地去捍衛、實踐（praxis）你所選擇的價值。」（如圖 12-12）。因為身為人，必須要有信仰、理念與價值。

圖 12-12
實踐哲學的真理

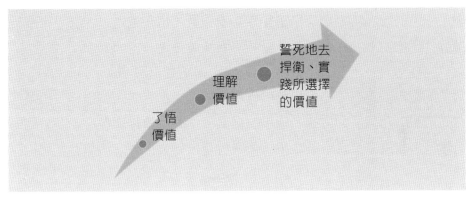

誓死地去
捍衛、實
踐所選擇
的價值

理解
價值

了悟
價值

註：作者自行整理。

拾柒 宇宙主宰

「宇宙主宰」就是中國人的「老天爺」吧？當然這個世界上的宗教信仰多元，因此信徒心中的「宇宙主宰」不會相同，對於基督教教徒而言，上帝、耶穌就是這個主宰；佛教徒而言，釋迦摩尼佛就是這個宇宙的主宰；真主阿拉、觀世音菩薩、媽祖婆、關雲長老爺等，也是許多信徒的「宇宙主宰」。

在哲學的世界，一般是以「絕對」或「無限」稱謂。

●●● 念念有慈

你認為這個世界所在的宇宙有「主宰」？如果有「宇宙主宰」，這個「宇宙主宰」是唯一的嗎？換句話說，「宇宙主宰」是唯一的嗎？

哲學精神是好奇的、窮究的，對於思想沒有設限。因此，關於「宇宙主宰」的存在與否，哲學家當然必須面對。哲學家是以什麼思維觀點推論「宇宙主宰」存在與否？是我們關注的焦點。

在深思窮究的各種可能中，哲學家需要暫時擱置以信仰者採「相信」的觀點直接存於心中，雖然哲學家們幾乎都有個人的信仰，但是此刻僅能以「認識」的方式一步步的推論，推論的精神與核心不在於到底有無「宇宙主宰」之最終結果，而在哲學家是以何種方法與態度的推論過程。

●●● 念念有慈

「相信」（belief）與「認識」（acknowledge）有何差異？

其實關於「宇宙主宰」存在與否是一個大哉問？非常深奧難理解的宇宙課題，不是如純學術般的思維就能一探究竟，甚至已經超越筆者的能力範疇。

準此，僅略以微薄之力，以「先驗」（拉丁語：a priori）或「經驗」（拉丁語：experientia）來推論「宇宙主宰」存在與否，提出哲學家的觀點供參考。

一、以先驗推論的哲學家

笛卡兒、史賓諾莎、黑格爾認為「宇宙主宰」可以用先驗（a priori）的方法推論得知，不需要借助有限的「經驗」推論。

換句話說，好好思索、用心體悟，即可推論出「宇宙主宰」。舉個例子說明，這個世界上根本沒有符合數學世界裡的那些幾何圖形，但是關於幾何圖形之性質，吾人卻能從幾何圖形之數學定義推論，如圓、球體等。

二、以經驗推論的哲學家

懷海德（Alfred North Whitehead）提出了經典的論述：「成形原理」（principle of concretion）。

為什麼這個世界有分明的春、夏、秋、冬？為什麼這個世界橘子長出來是綠皮，成熟後變成黃皮？為什麼茄子的顏色是紫色，而不是黃色？……。這個世界的一切現象為何這般而非那樣？

當然以現代的科學會說這緣故是因為基因所致，但是吾人又可繼續質疑，為什麼是這個基因而不是那個基因？關於此，懷海德窮究了九牛二虎之力，最後唯一的結論，就是這個世界有一隻無形神奇的手，巧妙的安排這齣戲劇，劇本袖寫，導演也由袖兼任，袖就是「這個世界的宇宙主宰」：絕對／無限。

💬念念有慈

1. 先驗（拉丁語：a priori）；後驗（拉丁語：a posteriori）。
2. 先驗知識是獨立於經驗的知識，後驗知識是依賴於經驗證據的知識（維基百科，2022j）。

有關懷海德「宇宙主宰」哲學學思歷程：

首先，這個世界有個「**創造力**」。懷海德肯定這個世界是無時無刻一直在變化的，不曾爲誰停留過須臾片刻，但是這個變化背後應該有隻無形的巧手，在操弄這一切的變化，他給予「創造力」這個名稱，與《周易·象傳》的「天行健，君子以自強不息；地勢坤，君子以厚德載物。」的「天行健」相呼應。

其次，「創造力」形成了這一切千變萬化，爲何是如此這般。

第三，哲學是科學的科學，哲學就是要透過「理智」不斷的打破砂鍋探究到底，合理的解釋這個大千世界的一切萬象。

●●● 念念有慈

1. 「宇宙主宰」已經將劇本都寫好了，只是我們不能事先看到。
2. 「宇宙主宰」存在的意涵，與萬事萬物的存在是否相同？
3. 邏輯學的規則能證實「宇宙主宰」存在？
4. 聖多瑪斯·阿奎納（St. Thomas Aquinas, 1224-1274）的類比／類推（analogy）是一種認知過程，透過兩個東西間的比較，將其中已知東西的知識，推論到未知東西上，藉以認識該未知的東西。關於此對於推論或認識「宇宙主宰」存在是一種方法論。

懷海德生前未解釋這個世界爲什麼就是這個世界且是偶然的存在？爲什麼不是其他的世界？如果這個世界沒有「宇宙主宰」的存在？又會是怎樣的光景呢？

針對此，存在主義哲學家沙特（Jean-Paul Sartre）直言：「人的存在是一種自然的錯誤、墮落的生物、無用的激情，永遠有悲劇性的問題。」

聰明過人的資優哲學家沙特認爲這個世界萬物的存在是「不充分

性」或所謂「無必然性」。

換句話說，萬事萬物都存在在那裡，但卻是毫無意義的存在！人與一切的東西都是荒謬的、無意義的存在。「宇宙主宰」的存在是一個矛盾，人必須在「宇宙主宰」的存在與「荒謬」之間選擇其一。他選擇了「荒謬」（absurd）。

💬念念有慈

1. 「不充分性」或「無必然性」係指理解和經驗到的萬事萬物都沒有存在的理由，都沒有必要存在，但是實際上這些事物又都存在於某處。如數學世界裡什麼是圓？數學家已經用嚴謹的定義表示它的存有；畢氏定理可以公式呈現並證明其存有，但是實際上，在我們生活的經驗裡，依照數學的定義，它們都不存在。

2. 關於沙特：「這個世界是荒謬的、無意義的！」你的看法？

3. 參照懷海德的「成形原理」（principle of concretion），人還有所謂的自由「意識」或「意志」嗎？

4. 認知有「宇宙主宰」，祂是「實際的存有」？「理想的存有」？還是哲學未界定的法力無邊之「另類的存有」？

哲學的「宇宙主宰」與宗教的「宇宙主宰」之間又是如何的關係？

筆者的看法，宗教的「宇宙主宰」範疇遠大於哲學的「宇宙主宰」範疇（如圖 12-13）。宗教的「宇宙主宰」高深莫測，仰之彌堅，望之也高，是人類的心靈能量、生命泉源。而哲學的「宇宙主宰」是為了這個世界為何如此這般，能做出合理解釋的最終唯一的理由。

或許輕鬆一點來看，哲學家也困惑無解吧？因此也只能懇求宗教的「宇宙主宰」當擋箭牌吧？

圖 12-13

宗教的「宇宙主宰」與哲學的「宇宙主宰」關聯

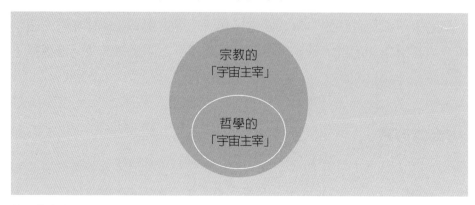

宗教的「宇宙主宰」

哲學的「宇宙主宰」

註：作者自行整理。

念念有慈

心中住著一位自己相信的「宇宙主宰」，只有好處！特別是遭遇人生「坎」的時候，祂是最好的治療師。

拾捌　幸福

「幸福」（古希臘語：Eudaemonia；拉丁語：felicitas；英語：happiness；日語：しあわせ），是一種持續時間較長的心靈的滿足（維基百科，2023b）。

幸福是人的一項基本目標，亦即長久快樂和諧的人生狀態。幸福的希臘文 "Eudaemonia"，"Eu" 是美善之意，"daemon" 是守護神靈，即受善神守護、長處快樂之謂（國家教育研究院，2000b）。

聯合國大會在 2012 年 6 月 28 日通過的第 66/281 號決議，宣布每年 3 月 20 日為「國際幸福日」（International Day of Happiness），

確認幸福和福祉是全世界人類生活中的普世目標和願望，具有現實意義，在公共政策目標中對此予以承認具有重要意義。

聯合國在 2022 年 3 月 18 日公布第 10 份世界幸福報告書（World Happiness Report），綜觀 2019 至 2021 年期間的幸福指數，在全球 146 個國家和地區中，北歐國家芬蘭連 5 年蟬聯最幸福的國家，第二名是丹麥，第三名是冰島，臺灣排名第 26，爲東亞之首，中國排名第 72，阿富汗最後一名，黎巴嫩跌到倒數第 2 名，辛巴威則是倒數第 3 名（United Nations, 2022）。

●●● 念念有慈

2022 年 2 月 24 日爆發俄烏戰爭，不知道 "11th anniversary of the World Happiness Report" 俄羅斯與烏克蘭的幸福排名將會如何？

一、幸福是什麼？

幸福到底是什麼？自古以來……，一直思索，……但是明確答案卻是腦霧難明？

每次參與婚宴，當主婚人或貴賓致詞結束後，總是有一幕，可以聽到司儀大聲命令：「請大家把酒杯倒滿酒，並高舉您的酒杯，一起大聲祝福今天臺上的這對新人『要幸福又！』」難道如此這般就「幸福」了？公主與白馬王子從此就過著幸福快樂的日子了？幸福會不會從天而降？還是要靠努力去追求的？或是有其他的可能？看來理解幸福並實踐幸福，並不是容易的事。

金代元好問《摸魚兒・雁丘詞／邁陂塘》：「問世間情是何物，直教生死相許……」對此有關「幸福」這複雜的概念，可改以「問世間『幸福』是何物，直教一生思索。」

239

幸福對每個人而言，會有不一樣的觀點，哲學家們也不例外，眞的，幸福很難具體釋義。

二、第一個有關幸福的範疇，我們想了解一些哲學家對幸福的觀點與立場

(一) 幸福是至善

亞里斯多德在《尼各馬科倫理學》（*The Nicomachean Ethics*）認爲「幸福」是「至善」（summum bonum）。區分成外在的善，如個人的社經地位等；身體的善，如個人身體健康等；靈魂的善，如個人的勇氣、仁慈、憐憫等（Aristotle, 2005）。靈魂的善，以現代教育觀點而言，類似品格教育或品德教育的範疇。按照亞里斯多德的說法，人應該要止於至善，所謂「至善」就是靈魂的善，亦即高尙品格，人唯有具備了優良的品德，才能引領人們邁向幸福的康莊大道，此觀點就是古希臘哲學家的「幸福論」（Eudaemonism）或所謂的幸福主義。

幸福想法因人而異，如喜歡喝金門高粱酒的人，感受到喝陳年金門高粱酒是一種幸福，對於不喝陳年金門高粱酒的人，無法感受到喝陳年金門高粱酒與幸福的關聯；對於海釣客而言，陶醉於整日釣魚，是一種幸福，但是不釣魚的人卻覺得乏善可陳，日常生活中這方面的正、反幸福觀點處處有之。

(二) 快樂主義

「快樂主義」（Hedonism）係指在道德實踐方面，以追求快樂作爲唯一的目標（教育百科，2023）。幸福就是「快樂」，討論幸福應該要先去探索人類在幸福狀態時感受到什麼？人類在感受到快樂時是幸福的，幸福是透過快樂的感受而獲得。

柏拉圖的《高爾吉亞篇》（*Gorgias*）中的卡利克勒（Kallikles），

他是快樂主義典型代表人物之一，其主張：「讓自己的欲望極大化，並運用勇氣和知識去滿足這個欲望，就可以得到最大的快樂。」（Plato, 2011）也就是最大的幸福。蘇格拉底不認同快樂主義的觀點立場，認為具備「正義」或「自制的品德」才是幸福。

古羅馬哲學家伊比鳩魯（Epicureanism）的《致美諾寇的信》（*Letter to Menoeceus*）將欲望分成：「自然的」與「不自然的」；「自然的」欲望又分成「必要的」與「不必要的」（如圖12-14）（Epicurus, 2018）。

圖 12-14
伊比鳩魯的欲望區分

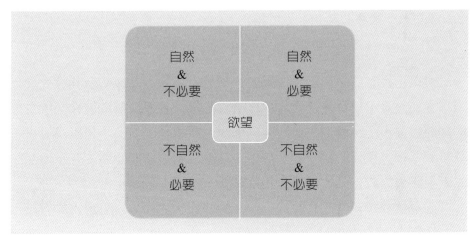

註：作者自行整理。

生活中維持生命所需的欲望，歸屬於「自然且必要」；生活中非維持生命所需的欲望，歸屬於「自然但不必要」；生活中名利的欲望，歸屬於「不自然也不必要」。

伊比鳩魯認為「有欲望時就是快樂不存在的時候，追求快樂既是人生存的動機與目的。」人受欲望影響而追求快樂，有欲望時便是快樂不存在的時候。

⋯💬念念有慈

1. 盧梭認為真正的快樂來自於欲望本身,而非欲望的滿足。盧梭的欲望本身?欲望的滿足?是什麼涵義?

2. 欲望,英文 desire,義大利文 desiderio,皆源於拉丁文 desiderium,可以拆成 de + sidera,意思是透過星星,我們得到了快樂。在原語系裡,欲望如星,如此美麗,如此簡單,如此閃閃發光,也因此欲望中的人快樂無窮盡。後來的文明包括宗教的抑制,在欲望之星上,屯墾了一束又一束的道德標語及教義,尤其針對女人。從此在欲望中的我們,文明奔流下,欲望不奔流了。我們和欲望欲拒還迎,又想要又抗拒,又渴望又苦惱,既快樂,又迷失,也困惑(陳文茜,2020)。

伊比鳩魯認為幸福就是快樂,快樂並不是吃五星級的米其林大餐,或享受性愛等,就算是快樂。伊比鳩魯認為人要能區辨各種快樂所帶來的利弊得失,「身體健康與心靈的平衡」所帶來的快樂才是值得追求。要得到幸福,重要的是要能「自給自足」。如很餓的時候,有東西吃與吃五星級大餐所得到的快樂無差別吧?

人更需要重視自己的行為所帶來的快樂,如助人行善所得的回饋;而非由運氣所左右的快樂,如買彩券中大獎的興奮。因此,人要經常思考自己所應採取的行動為何?人可透過經常「思考」來過著快樂的人生,成為有德性的人,進而獲得幸福。

⋯💬念念有慈

哲學素養:「會思考」的重要。

(三) 功利主義

功利主義／效益主義（Utilitarianism）主張行為的對錯或是非標準在於其是否能「增進最大多數人的最大幸福，或是否能為最大多數人減少苦痛。」（國家教育研究院，2000c）換句話說，不論那些人與你的關係為何，論每人的幸福價值，各個等值，每個人的幸福都一樣重要；受影響的關係人的快樂最大化，痛苦最小化。

代表性人物有「功利主義／效益主義之父」之稱的英國哲學家傑瑞米·邊沁（Jeremy Bentham, 1748-1832），以及其學生輩的英國哲學家約翰·史都華·彌爾（John Stuart Mill, 1806-1873）。

邊沁的最大幸福原則（Greatest Happiness Principle）主張追求「最大多數的最大快樂」（Greatest Happiness for the Greatest Number）的利他觀點，並提出計算快樂的七項標準：強度（intensity）、延續性（duration）、確定與否（certainty or uncertainty）、遠近（propinquity of remoteness）、衍生性（fecundity）、純粹性（purity）、延伸性（extension）（維基百科，2022k）。

真欽佩邊沁能提出一則類數學的計算公式來計算「快樂」（量化計算快樂，了不起！），雖然給了具體的快樂答案，但是也令我們反思，如果計算出來的結果是偏向於低層次的快樂，那還該視為快樂嗎？對你而言，品嘗一份米其林大餐或與三五好友開心出遊，快樂的本質上是一樣的，但是在「程度」上兩者顯然有差異。

彌爾認同古代的兩個快樂學派，昔蘭尼學派（Cyrenaics/Kyrenaics）與伊比鳩魯學派（Epicureanism），並在邊沁的基礎上發展，做了修訂。在 1863 年出版《效益主義》中對此提出了更有系統、更嚴謹的觀點，論述效益論的學說。

彌爾修改了計算快樂的評量方式，重視快樂的「品質」，《效益主義》提及：「人的幸福超越了動物。」「與其做一頭快樂的豬，不如做

一個不滿足的人；與其做一個滿足的傻瓜，不如做一個不滿足的蘇格拉底。」（傅佩榮，2020）。由此得知，彌爾著重於快樂之質的問題，快樂的質的差異與快樂的量多少是無關的。

效益主義是道德哲學／倫理學中很重要的思維大道。日常生活裡，有許多「地雷馬」（Dilemma）兩難的問題，而效益主義在其中扮演著相當的角色。三位哲學家分別提出很著名的例子：

1967 年英國哲學家菲利帕‧露絲‧福特（Philippa Ruth Foot, 1920-2010）：「假設你看到一輛刹車壞了的有軌電車，即將撞上前方軌道上的五個人，而旁邊的備用軌道上只有一個人，如果你什麼都不做，五個人會被撞死。你手邊有一個按鈕，按下按鈕，車會駛入備用軌道，只撞死一個人。你是否應該犧牲這一個人的生命而拯救另外五個人？」

茱蒂絲‧賈維斯‧湯姆森（Judith Jarvis Thomson, 1929-2020）：「假設你和一名碩大的胖子站在軌道上方的天橋上，看到一輛列車駛來且將撞上前方被困住的五個人，同樣，列車衝撞是必死無疑的。且假設胖子的體型足以使電車停下來，請問你會把身旁的胖子推下橋，使他被列車撞死，犧牲他的性命而挽救其餘的五個人嗎？」

麥克‧J‧桑德爾（Michael J. Sandel, 1953-）：「讓我們想像另一個不同的案例。這次你是在急診室的醫生，同時來了六名病患，他們是一場恐怖的火車意外中的傷者，其中五個人傷勢中等，一名重傷，你可以花整天的時間治療那名重傷患者，但另外五名患者會因無人照顧而亡。或者你也可以照顧那五名患者，治好他們，但同時那一名重傷患者會因爲無人治療而死亡。從醫生的角度來看，有多少人會救那五人？有多少人會救那一個人？

以上三個例子，大家也可透過線上的網址：「https://www.youtube.com/watch?v=sHHa4ETr2jE」賞析桑德爾的《正義：一場思辨之旅》。

⦿念念有慈

1. 邊沁是英國倫敦大學學院（University College London）創始人之一，他在離世前指示要用防腐處理永久保存，目前在該校禮堂的展示櫃裡坐著，但是頭顱未處理好，改成蠟製品取代。
2. 你對彌爾的「效益主義」強調快樂的質大於快樂的量，想說的是什麼？
3. 你對邊沁的追求「最大多數的最大快樂」的觀點有什麼看法？

(四) 斯多葛學派

快樂主義的立場建議人們應該要認識釐清自己的欲望，並滿足必要的欲望。斯多葛學派（Stoic School）提倡應該最大限度的捨棄無益的欲望，這群人的觀點被稱為斯多葛學派，該學派是在生活中，以具體行動來證實自己所言，現代的觀點歸屬於實踐哲學，最典型的代表者是愛比克泰德（Επίκτητος, 55-135），他把自己自幼為奴隸所受的凌磨歷程昇華為人生哲學。

古羅馬斯多葛派哲學家愛比克泰德認為這個世界可二分為兩類，一類是自己「力所能及」；另一類是自己「力不所能及」。他告訴我們要放棄「力不所能及」的所有事物，而「力所能及」的事物，應該要放棄擁有非自然的事物，只有生存所必需的自然事物，才是被允許滿足的欲望。

《孟子·梁惠王上》孟子曰：「挾太山以超北海，語人曰『我不能』，是誠不能也。為長者折枝，語人曰『我不能』，是不為也，非不能也。」有著相同的意涵。

將多數的時間花在與肉體相關的事情，如飲食、性慾是愚蠢，須把所有的注意力用於自己的心靈；即使是被允許的欲望，也須停至最低限

度；試圖滿足對自己「力不所能及」事物的欲望，是應該被輕蔑的。

　　應該果斷放棄對財富、權力或名譽的欽羨，成為一個遠離羨慕與忌妒的自由人。我們不應期待世上的事會依自己期望發生，應該期望該發生的事物就是會發生，世界不會照我們想要的方式運行，要接受世界的秩序。

　　世界是藉由神精心創造的，既美麗且正確，人類要做的是在此世界中扮演好神賦予我們的角色（劇本都已經寫好了／I chi te thou den），即使你不喜歡這個角色，也沒辦法。因為選擇的是神而不是我們，我們應該成熟的、接納自己的境遇。

　　死亡也不可怕？死亡原本就歸納在世界秩序之中，之所以會恐懼，是因為我們對死亡的想法有誤。關於恐懼和不安，我們不應向他人或這個世界尋求負責，重要的是應該在自己的內心探索原因。

　　關於至親死亡，愛比克泰德給我們的慰藉有四：

　　首先，有些事操之於我，有些則不然，但是我們可以克制自己的想法，進而抑制行為的發生；

　　第二，順應自然發生的事，棄置我們阻止不了的事；

　　第三，牢記所愛東西的本質，我愛的人如一個非常珍貴喜愛的陶罐一樣，陶罐有某一天一定會不小心摔裂的本質，至親終有一天也會離去；

　　最後，視死亡為自然平常的事，不是可怕的事。

　　他有一段話：「你的命運賦予你一位母親，但她從來不屬於你，你不過享有她一段時間罷了。當命運要收回她，你就必須放手。」（Eduardo Infante, 2021）或許能讓遭受至親死亡的人感到療癒。關於其所言，雖然對當事人是很難的事，或許只能說，我們的人生苦楚程度與愛比克泰德還有一段很漫長的距離吧？

●●●念念有慈

1. 明心見性。

2. 愛比克泰德是「奴隸」的意思，他幼時就被賣到羅馬，收買他的人卻把他當成畜生，讓他飽嘗了身體的疼痛、飢餓和心理的羞辱，因此孕成了他對痛苦屈辱的韌性與自我控制。一生簡約生活，有如中古思想家顏淵。《論語・雍也篇》子曰：「賢哉！回也。一簞食，一瓢飲，在陋巷，人不堪其憂，回也不改其樂。賢哉！回也。」他教學時曾用過的那盞簡陋油燈，後來拍賣的天價是三千德拉克馬（約合九萬四千多歐元）。

3. 愛比克泰德教學的教材沒有留下文字，但是他的學生把這些「上課教材」透過各自的筆記，彙集成《手冊》（Enquiridi）一書流傳。該書影響與提供許多人生遇「坎」的人，得以邁過「坎」的鴻溝。

4. 建議大家延伸閱讀有關古羅馬斯多葛派哲學家愛比克泰德（Επίκτητος, 55-135）的成長史，將更能理解他的偉大。

像這樣最大限度的斷除欲望，接受世界原本的樣貌，人們就會變得幸福。雖然這是極端的生存方式，但或許人們的確能遵循這種方式，讓心靈不被擾亂，和平的生存著。

（五）笛卡兒

笛卡兒（René Descartes）為斯多葛學派的後裔，在 1637 年出版的《方法論》（Discours de la méthode）寫道：「自己為了活得幸福而遵守的一個規則：只求克服自己，不求克服命運；只求改變自己的願望，不求改變世間的秩序。」（René Descartes, 2007）

世上發生的各種事物，都是遵照命運安排而發生，與其試圖改變這些命運的安排，我們更應該理解自己的欲望與想法，並改變自己，以得到寧靜的生活。

•••念念有慈

笛卡兒的幸福觀，你想說的是什麼？

(六)史賓諾莎

荷蘭哲學家史賓諾莎（Baruch de Spinoza 1632-1677）：「幸福就是為了延續自我存在所做的努力。」存在於這世上的所有事物，都在與威脅其存在的事物對抗，努力存活下來。

人類也不例外，執著於自我存在的努力正是人類的本質，當這份努力與精神和肉體兩方面相關時，就稱為欲望，欲望是試圖增強自身能力的努力，當得到滿足時，人就會快樂。人類是擁有欲望的存在，善惡皆由此所生。

人類並非以善的事物為欲望的標的，而是欲望的標的就是善的事物。

有人將史賓諾莎的如此立場視為快樂主義，快樂主義將欲望區分成「善的欲望」與「非善的欲望」論述。史賓諾沙認為「欲望就是善的」，主張延續自我存在這件事本身，便存在著道德基礎。

人抱持欲望的存在，「終極目標」是什麼？

史賓諾莎認為：透過滿足欲望而感受到的喜悅，人類可以更接近完美的存在，精神也可達到最高的善，這就是對神的認識。

人類的終極目標：完善我們的知性，透過知性來直觀的認識神。其中存在著最好的幸福，亦即「至福」（余光中：非止於至善，是至於至善），將人類從欲望提升到極高的境界。

念念有慈

1. 史賓諾莎的幸福觀：「幸福就是為了延續自我存在的努力。」你想說的是什麼？

2. 人類並非以善的事物為欲望的標的，而是欲望的標的就是善的事物。可以舉個例子說明？

(七)西格蒙德・佛洛依德

西格蒙德・佛洛依德（德語：Sigmund Freud, 1856-1939），奧地利心理學家、精神分析學家、哲學家。許多時候不能滿足欲望，如藥物、酒精、藝術、工作、幻想等，就會產生煩惱，解決方法就是透過各種方法控制欲望。

這些也非絕對有效，最重要的是找出每個人不同的欲力／性衝動／力比多（libido）的方式，如此才能找出適合當事人所處情況的解決方法。

欲力／性衝動／力比多：身體內部的興奮狀態的本能，其欲念、動機的來源或力量。一種與社會文明約定相牴觸的本能的衝動。

佛洛依德認為本能（instinct）是身體內部的興奮狀態，而將本能的欲念、本能動機的來源或力量稱為欲力，是與生俱來的，出生後隨著心理的性階段而發展，每階段的欲力都有特殊的目標與對象（國家教育研究院，2022e）。

念念有慈

佛洛依德對幸福的觀點：雖然不一定能實現，但是又不能不追求幸福。因此，人就只能想辦法找出獲得快樂的方法，在過程中如果失敗，便是逃避至精神官能症當中。

(八) 文學作家的觀點

納撒尼爾・霍桑（Nathaniel Hawthorne）的《紅字》：「快樂猶如一隻蝴蝶，追求時永遠抓不到。但如果安靜地坐下來，它會降落在你身上。」（Nathaniel Hawthorne, 2019）

念念有慈

霍桑關於幸福的這句話，你想說的是什麼？

三、第二個有關幸福的範疇，我們想探討幸福是屬於「個人的事」？還是屬於「眾人的事」？

(一) 幸福是個人的事

亞里斯多德等採取幸福主義立場的哲學家，主要探討的是關於「個人的幸福」。但是在日常生活中，我們不會只想著自己的幸福過日子，如家人、戀人、朋友、同事等的幸福對我們來說也是很重要的，周遭的民眾、世界的其他國民的每個人的幸福，也並非與我們不相干。

(二)「我很幸福」與「我們都很幸福」兩者之間有何不同？

我很幸福，容易檢視，但很難得知一個團體中的所有成員是否都幸福。社會和國家雖由個人組成，但應該不存在著所有人都一樣幸福的社會或世界吧？如你怎麼知道每位同學都很幸福？

(三) 持幸福是個人的事的哲學家是否否認眾人的幸福不存在？

當然也不必然，如果不是，是否表示「眾人的幸福並不是來自於個人幸福的加總」？

(四) 持幸福是個人的事的哲學家

1. 伊曼努爾・康德

德國哲學家伊曼努爾・康德（Immanuel Kant, 1724-1804）在《道德底形上學之基礎》（*Grundlegung zur Metaphysik der Sitten*）及《理論與實踐》論文中討論了這個議題。

「我們為了要得到幸福，和平的生活便不可或缺，只有生活在法律治理的國家應該是較好的。我們在法律下保障了安全、自由與平等。在這樣的國家裡，我們方能追求幸福。」

但是如果國家過於關心國民，甚至如果連國民的幸福都是由國家決定，這時會發生什麼事？

康德的「父權的政府」思維中，國家如同父親一樣行動，將國民當作是自己的子女，連何謂幸福或何謂不幸福，也由國家決定幸福的標準，這反而讓我們離幸福越來越遠了。因此，康德認為這樣的國家就是最糟糕的專制國家。

康德的立場是對幸福的追求應是交給每個人的自由，不應由國家或社會來決定。

●●●念念有慈

你認同康德幸福是個人的事的觀點嗎？你想說的是什麼？

2. 尚－雅克・盧梭

法國與日內瓦哲學家尚－雅克・盧梭（Jean-Jacques Rousseau, 1712-1778）：「孤獨是幸福。」盧梭在《一個孤獨漫步者的遐想》（*Les reveries du promeneur solitaire*）書中提到幸福是個人的事。在瑞士湖中某小島的生活，是其人生最幸福的歲月，因為「閒逸的時間」

讓他感覺幸福。島上生活是孤獨的，孤獨並非壞事。甚至他想要遠離紅塵，離群索居，物我兩忘，類如陶淵明的生活。

那段島上生活歲月讓他開始思索幸福是什麼？他體悟出幸福並非由強烈的快樂與激動的喜悅所產生，而是只有在單純時光中才能獲得，稱為「充足的幸福」，他生刻的描述：只在當下感受不到它的持續性，沒有任何感受，當下自身的存在便是唯一的感受，這股存在感溢滿整個心靈（Jean-Jacques Rousseau, 2014）。盧梭體悟出生命真正需要的不是身外之物，而是自身的存在。

念念有慈

1. 盧梭在島上的生活並不是完全一人，他還帶著管理人及妻子（兼傭人）。但在盧梭心中，覺得自己彷彿是生活在完全的孤獨中。

2.「孤獨就是幸福」，這是盧梭在島上的感想，你有過類似的感受嗎？

孤獨和寂寞是不一樣的兩件事。寂寞會發慌，孤獨則是飽滿的，是莊子說的『獨與天地精神往來』，是確定生命與宇宙間的對話，已經到了最完美的狀態（蔣勳，2019）。俄國作家托爾斯泰：「孤獨時，人會感受到真正的自我。」美國記者彼得‧漢密爾（Pete Hamill）：「我認為，無法自己度過孤獨時光的人，沒有資格去愛別人。只有從可以倚靠自己的力量生存下去開始，才能不壓迫別人地愛一個人。」（鎌田實，2022）

這種「孤獨」的感覺，體現在1970年代的兩首歌詞曲。1973年洪小喬詞曲、演唱的《愛之旅》：「風吹著我像流雲一般，孤單的我也只好去流浪……」與1979年三毛作詞、李泰祥譜曲，齊豫演唱的《橄欖樹》：「不要問我從哪裡來，我的故鄉在遠方，為什麼流浪，流浪遠方，流浪……」可以一邊聽歌曲旋律，一邊領悟歌詞，對於什麼是「孤

「獨」為有那種心流（flow）感覺。

(五) 幸福是眾人的事的哲學家

1. 聖茹斯特

法國哲學家聖茹斯特（Louis Antoine Léon de Saint-Just, 1767-1794）是法國大革命的核心人物之一，認為「幸福是一種新的觀念」，1794 年陳述：「幸福在歐洲是嶄新的概念。」歐洲從亞里斯多德以來，便持續探討幸福，但是幸福是屬於菁英階級、上流社會的特權。法國大革命催生了一個理想：創造一個所有人都能期待幸福的社會。因此，幸福成了所有人的事情了。

2. 傑瑞米‧邊沁

英國哲學家傑瑞米‧邊沁（Jeremy Bentham, 1748-1832）的「幸福原則」是提出「最多數人的最大幸福」（the greatest happiness of greatest number）。

功利主義者認為幸福不僅是個人的問題，也是社會的問題。邊沁探討要如何才能為整個社會帶來更多的幸福，而計算快樂是他提出的方法之一。邊沁認為能夠增加人們幸福的行為就是善的；反之，會減少幸福的行為就是惡的。

邊沁將其稱為「功利原則」，此原則不僅適用在個人，也適用於政府的政策上。政府必須選擇可使社會利益最大化的行為，而社會利益是社會成員的利益合計。因此，最多的人得到最多利益就是幸福。

3. 大衛‧休謨

大衛‧休謨（David Hume, 1711-1776）為蘇格蘭哲學家，提出：「同理心，就是幸福。」

休謨是考生心中的「文昌帝君」，考試前總是要到他的雕像前，摸摸他的腳趾頭，以庇佑考試得心應手、金榜題名（如圖 12-15）。

圖 12-15
大衛‧休謨雕像

註：作者拍攝於緯來育樂台。

波蘭朵卡萩（Olga Tokarczuk, 1962-），2018 年曾獲諾貝爾文學桂冠。她寫著：「同理心（compassion）是促使人類彼此溝通與互相了解的不二法門，作家因此無法旁觀他人受苦受難。」（Olga Nawoja Tokarczuk, 2020）

關於同理心，休謨的《人性論》（*A Treatise of Human Nature*）也有提到：假設有一個人，具有隨心所欲操控所有自然界事物的能力，太陽、水、大地都依照他的想法進行，並給予他所需要的東西，使他過著不虞匱乏的生活，「喊水會結凍」。休謨認為這個人是悲哀的，因為沒有人可以跟他分享幸福，也沒有能懷抱敬意與友情的對象（David Hume, 2016）。幸福是在與他人的關係中產生的，他特別重視同理心的功用。

看到家人、朋友甚至陌生人之間幸福與不幸，是因為我們會對他人的處遇產生共鳴的同理心。如看到悲慘的重大事故新聞時，我們經常會將自己投射到被害者和他們家人的處境。這種同理心的運作存在於社會的每一個角落。

同理心也是讓我們想要實現他人的幸福，或避開不幸的動機。我們

的幸福，並非只來自我們個人的努力，也許是因為有愛著我們的其他人
的幫助。

此外，我們強烈感受到幸福的時刻，不只是與他人共享時，也是看
到他人淪於不幸的時候。他人不幸，更讓我們深切感受到自身有多麼幸
福。也就是說，依照休謨的觀點，無論是幸福或不幸福，人都沒有辦法
孤獨一人生活。

●●●念念有慈

1. 幫助別人就是幫助自己，能做他人的貴人，是一種幸福。
2. 同理心如何運用於生命教育？

四、第三個有關幸福的範疇，探討幸福是人生最重要的目的嗎？

關於此「幸福主義」（Eudaemonism）與「義務論」（Deontology）
有著不同的觀點立場，但是都認同幸福是存在的。

「幸福主義」的哲學家亞里斯多德與史賓諾莎的觀點：「道德的目
的是幸福。」因為幸福在道德上是「善的」，是人生的目的。

「義務論」的康德，提出「倫理學立場」（Ethics/Moral），認為
「道德的目的不是幸福而是『善』」。

康德在其《道德底形上學之基礎》（*Grundlegung zur Metaphysik
der Sitten*）提及「人一切的希望都是以幸福為目標」，亦即人最終期
望的就是幸福。但是此人類的本性與道德上的善無關，不認同幸福主義
將幸福視為善的立場（Immanuel Kant, 1990）。

做一件事情是否符應道德，並不是因為得到幸福，是秉持著「善」
的意志，並採取行動，亦即遵循「道德義務」，康德稱為「絕對命令／
定言令式」（categorical imperative）（坂本尚志，2019），如對老弱

婦孺能給予協助。

(一) 什麼樣的事情是符應「道德義務」？

「道德義務」是任何人必須遵守的規準。因此，如果針對某人或事所採取的行動，他人也會不假思索的採取同樣行動附和，就是「道德義務」。為了自身利益而做了傷天害理的行為，就是違逆了「道德義務」。如不可弒親、考試不可作弊、不可說謊，就是「道德義務」。

怎樣的道德才能冠以「道德義務」？關鍵原則是須符合「普遍性法則」，所謂「普遍性法則」就是理性思考出來的道德原則，其他人依據理性思考，都一定會有絕對共識行動。簡言之，「道德義務」必須是具有普遍性的。一個人若能有無條件地實踐道德義務的意志，並採取行動，就可稱為在道德上良善的人。

(二) 康德的幸福觀點

幸福不是道德的目的，是想像力的理想，每個人有各自的想像力，依據各自的想法所描繪的就是幸福。渴望幸福不是壞事，但是應該做讓自己值得幸福的事。實踐「道德義務」就可以期望藉由符合該行動的形式獲得幸福，但是不保證會獲得幸福。道德上良善的生活方式是首要目標，幸福只是隨之而來的附加物。

●●●● 念念有慈

實踐「道德義務」就可以期望藉由符合該行動的形式獲得幸福，但是不保證會獲得幸福，為什麼？

五、第四個有關幸福的範疇，探討比幸福更重要的……？

(一) 勒內‧笛卡兒

法國哲學家勒內‧笛卡兒（René Descartes, 1596-1650）認為眞理比提幸福重要，要獲得幸福，須先探索眞理。其觀點是人能清楚明白擁有什麼，缺乏什麼，才能得到「眞理」。因此，在這過程中難免會心情起伏，甚至落寞。

笛卡兒認為人只要獲得眞理，無論這個眞理是否利己，都算是有價值的。眞理擁有的程度，將影響人精神的滿足狀況，獲得眞理時的心靈狀態是祥和的。生活裡只有歡笑的喜悅是一種「空虛／虛假的想像」，由此獲得的快樂只不過是短暫須臾的表象，不眞實。因此，認為「幸福本身並非目的，是獲得眞理後的附加價值而已。」

💬 念念有慈

關於笛卡兒的觀點：眞理重於幸福，你有什麼看法？

(二) 布萊茲‧帕斯卡

法國哲學家布萊茲‧帕斯卡（Blaise Pascal, 1623-1662）：「人生的歷程就是為了逃脫不幸並設法生存。」趨吉避凶，活著就有希望。

帕斯卡認為幸福是矛盾的產物，人多數時間是活在無知、悲慘的命運裡，且終究要面對死亡。因此，人必須趨吉避凶，想辦法存活下來獲得幸福，這種途徑稱為「消遣」。人生就是一種永無止境的「消遣」。生命旅程中儘量不要休息，停止即失去「消遣」，會帶來更多苦難。「消遣」可以消耗時間，弱化苦難，甚至死亡來臨的恐懼。

·····念念有慈

(三) 阿圖爾‧叔本華

德國哲學家阿圖爾‧叔本華（Arthur Schopenhauer, 1788-1860）體悟：「幸福其實是個幻影。」《金剛經》偈子云：「一切有爲法，如夢幻泡影，如露亦如電，應作如是觀。」（鳩摩羅什譯）「諸和合所爲，如星翳燈幻、露泡夢電雲，應作如是觀。」（玄奘法師譯）

叔本華：「讀一個自己從未深入思考的問題是危險的，我們讀書是別人替我們思考，我們不過是在重複作者的精神過程而已。所以一個人如果鎮日讀書，他將逐漸失去思考能力。」

叔本華於 1788 年出生於波蘭的但澤市，雙親感情不睦，他繼承了兩個幾乎不能相容的性格，特別是與母親的關係非常惡劣。對文學有極高興趣，但只能選擇繼承家業，讓他厭惡。爲了活下去，不得不忍受痛苦和厭煩。這種痛苦體驗所造成對生命的態度，成爲他生命性格中永恆不變的連體、態度與信念。

1844 年《作爲意志和表象的世界》（*Die Welt als Wille und Vorstellung*）一書問世，成爲重要的哲學經典。書中提到幸福只不過是在否定痛苦，無法永存，人類不應該追求。生存只有痛苦與煩惱，幸福的觀點傾向消極的態度，與帕斯卡相似。

陳述叔本華的簡單背景，有助於體會他對幸福的觀點：「幸福其實是個幻影。」

●●●●念念有慈

1. 意志？表象世界？色即是空，空即是色。

2. 建議讀者閱讀世界哲學名著《作為意志和表象的世界》（*Die Welt als Wille und Vorstellung*）。

1. 表象世界

古典經驗主義開創者英國約翰・洛克（John Locke, 1632-1704）提出的「觀念」，係指外物在人心中的像，即外物在心中代表的意義。如色、聲、香、味皆是。「觀念世界」即指由色、聲、香、味等現象構成的世界，類似佛家所謂的假像世界／空的世界，亦即「表象世界」（Vorstellung）。

2. 意志

意志（Wille）是物自體，或自在之物或物自身（德語：Ding an sich；英語：Thing in itself），是內在內容，是世界的本質。生命、表象世界，是意志的反映。因此，生命因意志而起。如果意志存在，生命、表象世界就存在。所以生命就是確保生活意志，只要我們充滿著生活意志，就不必恐懼自己的生存，即使面對死亡時也是如此。

康德對「物自體」的詮釋如下：

And we indeed, rightly considering objects of sense as mere appearances, confess thereby that they are based upon a thing in itself, though we know not this thing as it is in itself, but only know its appearances, viz., the way in which our senses are affected by this unknown something.

我們確實，正確地把感覺的對像看作純粹的現象，從而承認它們是建立在自在之物的基礎上的，雖然我們不知道這件事

物本身，而只知道它的表象，即我們的感官受到這種未知事物的影響。

(四)弗里德里希·威廉·尼采

德國哲學家弗里德里希·威廉·尼采（Friedrich Wilhelm Nietzsche, 1844-1900）認為：「生命的目的不是幸福而是力量的增長。」經常聽到這句話：「凡殺不死我的，必使我更強大。」（德文：Was mich nicht umbringt, macht mich stärker. ／英文：What does not kill me, makes me stronger.）此言最能展現尼采強調生命的目的在力量的增長。

●●●念念有慈

1. 人生的「坎」，每個人都會遭遇到，遇到了就「邁過」它。尼采的「凡殺不死我的，必使我更強大。」或許可作為「邁過」它的一座心橋吧？
2. 鯉魚躍龍門，跳的過去就成龍；躍不過去就繼續做魚吧？鮭魚逆流洄游產卵，過的了棕熊，產卵去吧，過不了，命也？

尼采不認為人生存目的是為了獲得幸福，為了幸福而努力是自欺欺人。生命共通性是使自己更有強大的意志，即對於力量的意志。尼采在《權力意志》中說：「與猿猴相較，人表現出一種巨大的權力，而非『幸福』的增長。」（Friedrich Wilhelm Nietzsche, 2007）不認為人是在追求幸福，應是追求權力意志。人是被壓抑的，而自我增能，就是要排除人生路上的石頭（障礙）。

反抗權威與掃除障礙，是危險的、令人不快樂的，但是尼采認為「對於力量的意志」所驅動的生存，反而讓我們更積極面對它。因此，

尼采堅信：「生命目的並非爲了幸福，而是爲了自己力量的增長。」

💬念念有慈

1.「生命的目的不是幸福而是力量的增長」，你認同嗎？想説什麼？

2. 叔本華對尼采影響很大，購買叔本華的《作爲意志和表象的世界》（*Die Welt als Wille und Vorstellung*），花了14天沉浸在那本書中。幾乎可以這麼説，叔本華可以算是尼采的老師與偶像吧！尼采還寫了一本有關叔本華的書籍《教育家叔本華》。

五、關於「幸福」，還想說的話

幸福到底是什麼？幸福到底追求的到嗎？人該不該追求幸福？還是一定要追求幸福？這些都是大哉問，因爲連哲學家觀點都沒有共識。因此，要跨越對於幸福觀點立場差異的鴻溝，並找出一個共識結論，是高難度挑戰的。

「幸福」是人類才有的概念，也唯有人類才能去感受、理解、領悟與追求。無論幸福是否降臨而又失去，或是從未降臨，只要還是身爲人的一天，就要永不停止的思索、追尋。或許如某位哲學家所言：「思考幸福是什麼，就是思考人生爲何？兩者是等價命題。」

💬念念有慈

1. 簡述你對幸福的看法？幸福是什麼？

2. 幸福對生命教育給了什麼啟示？

拾玖 再回首「哲學」是什麼？

中華文化思想、宗教、大哲人……裡充滿著哲學的慧根與種子，信手拈來分享，啟發我們對「哲學」再次的回顧與反思。

一、《莊子・秋水篇》

莊子與惠子遊於濠梁之上。莊子曰：「鰷魚出游從容，是魚之樂也。」惠子曰：「子非魚，安知魚之樂？」莊子曰：「子非我，安知我不知魚之樂？」惠子曰：「我非子，固不知子矣；子固非魚也，子之不知魚之樂，全矣。」莊子曰「請循其本。子曰：『汝安知魚樂』云者，既已知吾知之而問我，我知之濠上也。」

此篇經典對話，足以涵示哲學是什麼概念的精隨，就連國外哲學學者都讚譽有佳。

你不是我，我不是你，更甚者如李登輝所言：「我的我是不是我。」（私は私ではない私になれ）在「我」之外，還有一個更高的「自我實現」？一種融合基督教信仰與西田幾多郎「無」的哲學之哲學。

💬 念念有慈

1. 莊子 vs. 惠子，難分高下，關於教學，給了教師什麼啟發？
2.「我的我是不是我」（私は私ではない私になれ）的哲學啟示？

二、《莊子・逍遙遊》：無用之為用，方為逍遙

「惠子謂莊子曰：『吾有大樹，人謂之樗。其大本擁腫而不中繩墨，其小枝卷曲而不中規矩，立之塗，匠者不顧。今子之言，大而無用，眾所同去也。」主要的意涵是「無用之用，是為大用。」

　　莊子認為，太過「有用」則容易陷於危險（或許樹大招風吧？）。莊子與弟子上山，巧遇伐木者問：「如此大的一棵樹，為什麼沒有被砍伐呢？」伐木者回答：「這是不成材的樹，沒有任何用處，所以就幸存，沒被砍。」莊子感慨地說：「這棵樹因為『無用』而得以留存，可是世人只知道『有用之用，卻不知無用之用。』」

念念有慈

　　臺灣的神木，幾百年至幾千年，為何能留下茁壯，最後變成神木？啟示為人師者，如何看待自己的學生？

三、神秀與惠能的精采偈語詩

　　五祖弘忍的兩大弟子，神秀（606-706）與惠能（638-713）的精采偈語詩：

　　神秀禪師：「身是菩提樹，心如明鏡台；時時勤拂拭，勿使惹塵埃。」

　　惠能大師：「菩提本無樹，明鏡亦非台；本來無一物，何處惹塵埃。」

念念有慈

1. 漢傳佛教禪宗五祖弘忍，最後傳於六祖惠能，其實與其師兄神秀的佛力不分軒輕。鍾玲的《餘響入霜鐘：禪宗祖師傳奇》寫著96歲的神秀到洛陽皇宮接受78歲的女皇帝武則天供養習佛（鍾玲，2020），就可知神秀的佛力無邊了。

2. 神秀 vs. 惠能，難分軒輕，關於兩則偈語詩，你想說的是什麼？

四、未經審視的人生是不值得活

蘇格拉底（Socrates）臨死前的遺言：「未經審視的人生是不值得活。」（《自辯辭》，希臘文：Ho de anexetastos bios ou biôtos anthrôpôi. 英文：The unexamined life is not worth living./ The unexamined life is not worth living for a human being. *Apology*）

蘇格拉底在臨刑前，說著：「不管我在哪裡，不提出質疑，我就活不下去，未經審視的生活不值得活。」「既然我不能永遠活著，那又何必苟且偷生？活著不是目的，好好活著才是。」

蘇格拉底從未說他講的是眞理，他只提出通往眞理的途徑——「質疑一切」，任何事物不能只看表面，認爲一般人的意見並不具備理性基礎，但是人的心智清明而敏捷，終究會掌握到眞理。

💬念念有慈

「未經審視的人生是不值得活」，是否我們也該對於自己過去所思所為，藉著當下好好的重新再檢視？特別是對於自己的人生？對於自己的教學？

五、蘇格拉底問答法

蘇格拉底問答法簡易但是寓意深奧，茲舉一段耳熟能詳的對話經典，讓讀者了解問答法的精髓：

教師：艾曼達，什麼是革命？
艾曼達：以武力推翻政府。
教師：如果這個國家本來是由某國王統治，結果國王的弟弟殺

　　　　了他篡位為王，這算是革命嗎？

艾曼達：噢，那不是。

教師：這麼說，並不是所有以武力推翻政府的情況都是革命？

艾曼達：呃，對，不是所有這樣的情況都算是革命。

教師：那，除了武力推翻之外，還需要什麼條件才能造成革命

　　　　呢？（John Hirst, 2009）

💬念念有慈

教師的角色不是制定規則，而是幫助學生清楚思考，從討論中得到豐碩的成果，這對於教學過程中的師生對話的啟示為何？

六、兒童俱足天生的哲學慧根

　　德國存在主義哲學家雅斯培（Karl Jaspers），1951 年的《智慧之路》：「兒童是天生的哲學家。」（Karl Jaspers, 1951）人之初始就孕育有哲學種子，稍長後，赤子之心會問這個宇宙的大千世界為何如此這般？人情世故是怎麼一回事？生活中的大小事一切的意義，這就是哲學的種子正在萌牙中。

💬念念有慈

教室課堂中，常見學生好奇地發問，教師該如何護育著這哲學的小幼苗？

七、哲學的觀點

　　哲學是一種普遍的、根本的與窮究事理本質的科學。哲學的方法講究周密嚴謹、無範疇的，在不疑處有疑，窮究事理的本質，試圖找到萬事萬物合理存在的解釋。民國時期胡適的名言：「做學問要在不疑處有疑，待人要在有疑處不疑。」說的頗有哲理。

八、結語

　　很喜歡波蘭的一位哲學家波謙斯基（Joseph Maria Bochenski）對哲學概念的一句話：「無論哲學思維含有多大的困難，她卻是人生中最美妙和最高貴的活動之一。凡是曾經遇過一位真正的哲學家的人，在她以後的一生中，皆會經常掉入那次會面的回憶裡。」（Joseph M. Bochenski, 2001）這已經表達了哲學是什麼了。

參考文獻

Alan Lightman（2019）。**在緬因州的小島上追逐繁星：艾倫·萊特曼的哲學思索**〔謝孟宗、韓絜光譯，第一版〕。商周出版。（原著出版年：2018）

Antonio Damasio（2017）。**意識究竟從何而來？從神經科學看人類心智與自我的演化**〔陳雅馨譯，第一版〕。商周出版。（原著出版年：2015）

Aristotle（2005）。**尼各馬科倫理學**〔高思謙譯，第一版〕。臺灣商務。（原著出版年：1920）

Aristotle（2019）。**靈魂論及其他**〔吳壽彭譯，第一版〕。五南。（原著出版年：2007）

Arthur Schopenhauer（2016）。**作為意志和表象的世界**〔石冲白譯，第一版〕。新雨。（原著出版年：2009）

Carl R. Rogers（2014）。**成為一個人：一個治療者對心理治療的觀點**〔宋文里譯，第一版〕。左岸文化。（原著出版年：1961）

Dan Brown（2018）。**起源**。〔李建興譯，第一版〕。時報出版。（原著出版

年：2017）

David Hume（2016）。**人性論**〔關文遠，第一版〕。商務印書館。（原著出版年：1740）

Desmond Morris（2015）。**裸猿**〔曹順成譯，第一版〕。商周出版。（原著出版年：2005）

Edith Hall（2019）。**關於人生，你可以問問亞里斯多德**〔鄭淑芬譯，第一版〕。仲間出版。（原著出版年：2019）

Eduardo Infante（2021）。**街頭的哲學：29 個熟悉的生活情境，看見每個決定背後的倫理和邏輯！**〔黃新珍譯，第一版〕。漫遊者文化。（原著出版年：2019）

Frank Hull（2004）。**塔木德 - 猶太人的致富聖經**〔徐世明譯，第一版〕。智言館（原著出版年：公元前 2 世紀至公元 5 世紀間）

Friedrich Wilhelm Nietzsche（2007）。**權力意志**〔賀驥譯，第一版〕。灕江出版社。（原著出版年：1889）

Friedrich Wilhelm Nietzsche（2020）。**教育家叔本華**〔韋啟昌譯，第一版〕。新雨。（原著出版年：2017）

Hannah Arendt（2013）。**平凡的邪惡：艾希曼耶路撒冷大審紀實**〔施奕如譯，第一版〕。玉山社。（原著出版年：2006）

Hannah Arendt（2021）。**人的條件**〔林宏濤譯，第一版〕。商周出版。（原著出版年：1958）

Hendrik Willem van Loon（2017）。**寬容**〔吳奕俊、陳麗麗譯，第一版〕。遠足文化。（原著出版年：1925）

Immanuel Kant（1990）。**道德底形上學之基礎**〔李明輝譯，第一版〕。聯經。（原著出版年：1785）

Jan Eukasiewicz（1981）。**亞里士多德的三段論**〔李眞、李先焜譯，第一版〕。商務印書館。（原著出版年：1951）

Jean-Jacques Rousseau（2014）。**一個孤獨漫步者的遐想**〔袁筱一譯，第一版〕。自由之丘。（原著出版年：1980）

John Hirst（2019）。**你一定愛讀的極簡歐洲史（終極答案版）：為什麼歐洲對現代文明的影響這麼深？**〔席玉蘋、廖桓偉譯，第一版〕。大是文化。（原

著出版年：2009）

John Stuart Mill（2017）。**功利主義**〔劉富勝譯，第一版〕。光明日報出版社。
（原著出版年：1863）

John Stuart Mill（2017）。**效益主義**〔邱振訓譯，第一版〕。暖暖書屋。（原著
出版年：1863）

Joseph M. Bochenski（2001）。**哲學淺談**〔王弘五譯，第一版〕。御書房。（原
著出版年：1992）

Joseph M. Bochenski（2001）。**哲學淺談**〔王弘五譯，第一版〕。御書房出版。
（原著出版年：1959）

Kahlil Gibran（1996）。**先知**〔王季慶譯，第一版〕。方智。（原著出版年：
1923）

Karl Jaspers（1988）。**智慧之路**〔柯錦華、范進譯，第一版〕。中國國際廣播出
版社。（原著出版年：1951）

Len Fisher（2006）。**靈魂有多重？歷史上最搞怪的實驗**〔葉偉文譯，第一版〕。
天下文化。（原著出版年：1992）

Nathaniel Hawthorne（2019）。**紅字**〔麥慧芬譯，第一版〕。商周出版。（原著
出版年：1850）

Noro K. & Vittorio Hösle（2001）。**哲學家的咖啡館：小女孩與教授的哲學書信**。
〔許舜閔譯，第一版〕。究竟出版社。（原著出版年：1998）

Olga Nawoja Tokarczuk（2020）。**雲遊者**〔葉祉君譯，第一版〕。大塊文化。
（原著出版年：2018）

Plato（2011）。**高爾吉亞篇**〔李明等譯，第一版〕。外語教學與研究出版社。
（原著出版年：2004）

Ray Monk（2020）。**天才的責任：維根斯坦傳**〔賴盈滿譯，第一版〕。衛城出
版。（原著出版年：1991）

René Descartes（2007）。**笛卡兒談談方法**〔王太慶譯，第一版〕。網路與書出
版。（原著出版年：1637）

René Descartes（2020）。**談談方法**〔彭基相譯，第一版〕。五南。（原著出版
年：1984）

Ronald B. Adler, Jeanne Elmhorst, & Kristen Lucas（2022）。**恩典依舊：上帝眼**

中的失智者〔游紫萍譯，第一版〕。瑞智。（原著出版年：2018）

Sarah Bakewell（2017）。**我們在存在主義咖啡館：那些關於自由、哲學家與存在主義的故事**〔江先聲譯，第一版〕。商周出版。（原著出版年：2016）

Scott Samuelson（2016）。**在生命最深處遇見哲學**〔黃煜文譯，第一版〕。商周。（原著出版年：2014）

Sogyal Rinpoche（1998）。**西藏生死書**〔鄭振煌譯，第一版〕。張老師文化。（原著出版年：1992）

Willard Van Orman Quint（2012）。**語詞和對象**〔陳啟偉譯，第一版〕。中國人民大學。（原著出版年：1964）

William James（2005）。**眞理的意義**〔劉宏信譯，第一版〕。立緒。（原著出版年：1997）

一流人（2018）。「平凡的邪惡」人人都會犯，要如何避免？**遠見**。https://www.gvm.com.tw/article/55196

心文（2011）。盲人摸象。**人間福報**。https://www.merit-times.com/NewsPage2.aspx?unid=230136

王丹（2021 年 11 月 21 日）。再說勇氣。**自由時報**。https://art.ltn.com.tw/article/paper/1485664

王海成（2005）。**我的父親王駱賓**。新疆美術攝影出版社。

吳柏學（2016）。重點是肩膀，不是巨人。**遠見**。https://www.gvm.com.tw/article/46684

坂本尚志（2019）。**爲什麼法國高中要考哲學？：年輕人要學會思考，然後決定自己要怎樣的「幸福」！**〔林信帆譯，第一版〕。大是文化。（原著出版年：2018）

村上春樹（2014）。**世界盡頭與冷酷仙境**〔林少華譯，第一版〕。上海譯文出版社。（原著出版年：1985）。

每日頭條（2019）。**靈魂的重量 21 克的由來**。https://kknews.cc/zh-tw/news/pppppaz.html

言九林（2020）。「槍口抬高一厘米」考：紀念柏林牆被推倒30周年。**新紀元**。https://www.epochweekly.com/b5/662/20356.htm

林欣誼（2016 年 2 月 20 日）。法哲學作家柏尼菲：人的存在就是個問題。

中國時報。https://www.chinatimes.com/newspapers/20160220000389-260115?chdtv

真理與謊言相遇的故事（2022）。**真理從井裡出來**（The Truth Coming Out Of The Well）。https://arielhsu.tw/the-story-of-truth-and-lie/

索甲仁波切（Sogyal Rinpoche）（1998）。**西藏生死書**〔鄭振煌譯，第一版〕。張老師文化。（原著出版年：1992）

國家教育研究院（2000a）。**二律背反**。https://pedia.cloud.edu.tw/Entry/Detail/?title=%E4%BA%8C%E5%BE%8B%E8%83%8C%E5%8F%8D

國家教育研究院（2000b）。**幸福**。https://terms.naer.edu.tw/detail/1306348/?index=44

國家教育研究院（2000c）。**功利主義**。https://terms.naer.edu.tw/detail/1303596/

國家教育研究院（2022a）。**範疇**。https://terms.naer.edu.tw/detail/1313919/

國家教育研究院（2022b）。**哥白尼式的教育革命**。https://terms.naer.edu.tw/detail/1308127/

國家教育研究院（2022c）。**三段論法**。https://terms.naer.edu.tw/detail/1301802/?index=1

國家教育研究院（2022d）。**價值論**。https://terms.naer.edu.tw/detail/1313586/

國家教育研究院（2022e）。**欲力**。https://terms.naer.edu.tw/detail/1310469/

張明明（2015）。**歡樂哲學課**。天下文化。

張明明（2015）。**歡樂哲學課：不瘋魔，不哲學**。天下文化。

教育百科（2023）。**快樂主義**。https://pedia.cloud.edu.tw/Entry/Detail?title=%E5%BF%AB%E6%A8%82%E4%B8%BB%E7%BE%A9&search=%E5%BF%AB%E6%A8%82%E4%B8%BB%E7%BE%A9

陳文茜、張小嫻（2020 年 6 月 2 日）。相遇紅塵。**聯合報**，D3 版。

陳亦純（2021 年 12 月 21 日）。生命中的蘭巴倫。**人間福報**。https://www.merit-times.com/NewsPage.aspx?unid=698959

陳曾基（2022 年 4 月 18 日）。蘭巴倫遠乎 史懷哲何在。**聯合報**，A11 版。

陳蒼多（2021 年 10 月 20 日）。模範哲學家──康德很適合生活在 COVID-19 流行的年代。**聯合報**。https://udn.com/news/story/12661/5828468

傅佩榮（2020）。**西方哲學之旅**。天下文化。

馮靖惠（2018 年 1 月 22 日）。沒標準答案的課：他們把城市當教室。**聯合報**，B3 版。

賈馥茗（2006）。**教育的本質**。五南。

維基百科（2018）。**先驗與後驗**。https://zh.m.wikipedia.org/zh-tw/%E5%85%88%E9%A9%97%E8%88%87%E5%BE%8C%E9%A9%97

維基百科（2022a）。**暗淡藍點**。https://zh.m.wikipedia.org/zh-tw/%E6%9A%97%E6%B7%A1%E8%97%8D%E9%BB%9E

維基百科（2022b）。**塔木德**。https://zh.wikipedia.org/wiki/%E5%A1%94%E6%9C%A8%E5%BE%B7

維基百科（2022c）。**意識**。https://zh.wikipedia.org/wiki/%E6%84%8F%E8%AF%86

維基百科（2022d）。**古蘭經（ناآرُقْلَا）**。https://zh.wikipedia.org/wiki/%E5%8F%A4%E5%85%B0%E7%BB%8F

維基百科（2022e）。**大霹靂**。https://zh.wikipedia.org/wiki/%E5%A4%A7%E7%88%86%E7%82%B8

維基百科（2022f）。**地球**。https://zh.wikipedia.org/wiki/%E5%9C%B0%E7%90%83

維基百科（2022g）。**藍色彈珠**。https://zh.wikipedia.org/wiki/%E8%97%8D%E8%89%B2%E5%BD%88%E7%8F%A0

維基百科（2022h）。**知識**。https://zh.wikipedia.org/zh-tw/%E7%9F%A5%E8%AF%86

維基百科（2022i）。**沉思者**。https://zh.wikipedia.org/zh-tw/%E6%B2%89%E6%80%9D%E8%80%85

維基百科（2022j）。**先驗**。https://zh.wikipedia.org/wiki/%E5%85%88%E9%A9%97%E8%88%87%E5%BE%8C%E9%A9%97

維基百科（2022k）。**傑瑞米‧邊沁**。https://zh.wikipedia.org/wiki/%E6%9D%B0%E9%87%8C%E7%B1%B3%C2%B7%E8%BE%B9%E6%B2%81

維基百科（2023a）。**AlphaGo 李世乭五番棋**。https://zh.wikipedia.org/zh-tw/AlphaGo%E6%9D%8E%E4%B8%96%E4%B9%AD%E4%BA%94%E7%95%AA%E6%A3%8B

維基百科（2023b）。**幸福**。https://zh.wikipedia.org/zh-tw/%E5%B9%B8%
E7%A6%8F

聞是藝術（2020）。**眞理女神**。https://ppfocus.com/0/cu77fa753.html

趙一葦（1998）。**當代教育哲學大綱**。正中。

劉秀枝（2016 年 9 月 11 日）。我不認識你，但我記得你的好。**聯合報**。https://
health.udn.com/health/story/7392/1953498

歐陽教（2002）。**教育哲學導論**。文景。

蔣勳（2019）。**孤獨六講**。聯合文學。

學賞畫：典型的學術派藝術家 Jules-Joseph Lefebvre（2020）。**眞理女神**。https://
ppfocus.com/0/cu77fa753.html

盧俊義（2022 年 4 月 24 日）。從沉思生命到重新受洗的彭明敏教授。**自由時報**，
A16 版。

謝奉勳、徐祖安、陳炯東（2019 年 1 月 11 日）。解碼消失的記憶：治療阿茲海
默症的新主張。**國家衛生研究院電子報**，177 期。https://enews.nhri.org.tw/
health/1088/

鍾玲（2020）。**餘響入霜鐘：禪宗祖師傳奇**。九歌。

鎌田實（2022）。**剛剛好的孤獨：培養獨活能力，與別人保持無負擔的聯繫，想
要一個人待著的時候也沒問題**〔陳綠文譯，第一版〕。木馬文化。（原著作
出版年：2021）

顏少鵬（2022 年 05 月 10 日）。地球只有 0.12 個畫素。**聯合報**，D2 版。

Carl Sagan (2007). *Reflections on a Mote of Dust*. https://web.archive.org/
web/20070414125144/http://obs.nineplanets.org/psc/pbd.html

Drew Gilpin Faust (2017). *Freshman Convocation Address to the Class of 2021*.
https://www.harvard.edu/president/speeches-faust/2017/freshman-convocation-
address-to-the-class-of-2021/

Emily Dickinson (2005). *The Poems of Emily Dickinson: Reading Edition*. Belknap
Press.

Epicurus (2018). *Principal Doctrines & Letter to Menoeceus*.〔Hicks, Robert Drewu
譯〕. Createspace Independent Publishing Platform.

Heidegger, Martin (1976). *What Is Called Thinking*. Harper Perennial.

Hirst, John (2018). *The Shortest History of Europe*. Black Inc.

Ronald Reagan (1994). *Reagan's Letter Announcing his Alzheimer's Diagnosis*. https://www.reaganlibrary.gov/reagans/ronald-reagan/reagans-letter-announcing-his-alzheimers-diagnosis

Stanford Encyclopedia of Philosophy (2022). *Epistemology*. https://plato.stanford.edu/entries/epistemology/#WIK

United Nations (2022). *Tenth Anniversary of the World Happiness. Report*. https://worldhappiness.report/

United Nations (2022). *The World Happiness Report 2022*. https://worldhappiness.report/ed/2022/

第十三章

關於教育哲理，其實還想說的是

Here lies one whose name was write in water.

～英國詩人約翰・濟慈（John Keats, 1795-1821）

壹　尼采的「本質法則」找回自己、做自己

在德語「教育家」（Erzieher）有「提升者」、「牽引者」之意，如英文的「促進者」（facilitator），這也是近年教育改革，教師角色的轉替。雖然教師不等同於教育家，但是至少要具備或心之嚮往教育家的素養與情懷，換句話說，教師的教學，其意義不是在教導學生那些「純粹、冰冷的知識」，而是做「榜樣」（Vorbild），經由教師的外在可見的生活，引領學生、提升學生，學生透過教師的肩膀，能看得更多、更遠，讓學生達到目標，這需要長時間的孕育與薰陶，「十年樹木，百年樹人」，這就是「教育」的真諦。

1837 年自辦第一所幼稚園的幼教創始人，德國福祿貝爾（Friedrich Froebel, 1782-1852）名言：「教育無他，唯愛與榜樣而已。」（Education is nothing but a concern for love and role model.）一語道出教師與教育的精髓。

在這個世界，大自然的一草一木哪有一樣的？即使同一棵樹的枝葉也沒有相同的，每一個人更是如此，都是獨一無二的個體。教育應該讓學生發現自己、找到自己、找回自己，並勇敢地做自己，佛教的「找回本心」十分貼切。

靜心思索，我們是如此恰巧地、偶然地生活在宇宙洪流的須臾片刻裡，但這卻是經過了無窮無盡的運氣、奇蹟歲月才得以成此人形，「百年修得同船渡」，而且如此偶然的創意性驚奇，把這神奇多樣化的複雜的宇宙成分，組合成一個像現在這樣的一個美麗的、值得賞識的個體，就像大自然的美好風景一樣，各具特色，獨樹一幟。因此，只有做回自己，才有可能獲得恆久宇宙主宰給予的那份快樂。

史蒂夫‧賈伯斯（Steve Jobs）2005 年在史丹佛大學畢業典禮的演講，這段演講長約 15 分，英文講稿約 2,200 字。影片請參閱 https://

www.youtube.com/watch?v=WUUjU4Om0KI（14'54"）。這篇可稱得上非常經典的講演，賈伯斯正是「做回我自己」、明白「我是誰」，獲致幸福的典範者。

●●● 念念有慈

1.「做回自己」、明白「我是誰」，就是幸福嗎？

2. 每個人都是這個世界最美麗且獨一無二的風景。

3. 如何教育學生／孩子，「做回我自己」、明白「我是誰」？

關於「如何找回自己？」確實不是那麼容易，是一輩子做不完的工作，坊間不乏這方面的著作或文章。哲人尼采的觀點：「以這大哉問回顧自己的日常生活，認真想想，你真心愛過什麼？什麼提升、征服了你的靈魂？且讓你感受到幸福？然後將那些東西臚列排序，它們就會以其本質和次序，出現一種「本質法則」（das Wesentliche Gesetz）。把這些東西比較後，就會看出這些東西是互補、擴展、超越、美化，形成了一個階梯，沿著這個階梯，就攀升到了現在的你，因為你的真正本質並非隱藏在你的深處，而是在你，或者在你習慣認為的你之上。」（Friedrich Wilhelm Nietzsche, 2020）簡而言之，內在與外在是協調統一的，如易經的陰陽合一，人的內在外顯於外在，外在內隱於內在，有軌跡可循，因為有「本質的法則」。自己的問題永遠無法從他人身上得到答案，因為只有這樣，人才會知道自己發現的是什麼東西；對追求知識這件事來說，我的角色像個產婆，而不是孕婦（Noro K. & Vittorio Hösle, 2001），似佛教所云向內求「本心」，「識自本心，見自本性」的心境。

貳 叔本華是學習者的榜樣

叔本華家境富裕，因此在上大學之前，大約在 15-17 歲（高中階段），就能遊歷歐洲諸國，接受不同的語言、文化薰陶，之後才進入哥廷根大學。學思歷程是先遊學，再入學，正如「讀萬卷書很重要，行萬里路更有必要。」這種歷程，他體會出人從生活原型中了解生活之前，不應該從生活的複製中去認識生活的任何方面，應該直接從現實世界裡提取概念。

念念有慈

1. 體驗的學習、與生活經驗結合的學習是至關重要的，這也是 108 課綱的重要精神。
2. 國際教育 2.0 的推動與落實，叔本華行萬里路的精神給我們什麼啟示？

叔本華因為晚年才聲名大噪，關於運氣，他認為與明智、力量比較，運氣最重要。他比喻人的一生，似一艘航行的船，運氣似風，風是航程的助力，也可能是阻力，阻力發生時，一切努力都化為虛無。人所做的努力似櫓槳，耗盡全力揮動櫓槳，是為了讓船行方向正確，但是航程中的一陣狂風暴雨，就能夠把船隻搞的人仰船翻，讓一切殘酷的又回到原點，甚至翻船的悲劇。

念念有慈

1. 衝浪（surf）哲學的角度，體悟叔本華的「運氣」意涵。
2. 叔本華的「運氣觀」，對於我們遇到人生「坎」的時候的啟示為何？

3. 做計畫，「運氣」扮演什麼角色？教師教學，「運氣」扮演什麼角色？

參 再問哲學為何物？

先品味一首七言絕句，蘇軾的〈琴詩〉：「若言琴上有琴聲，放在匣中何不鳴？若言聲在指頭上，何不於君指上聽？」如果說琴聲發自琴，那放進盒子裡的琴為什麼不響？如果琴聲發自手，為何手上聽不到聲音？是否很哲學味的詩詞？

一、哲學要怎麼說？或者說，符應怎樣的歷程可以稱為哲學？

哲學的定義或詮釋的學術著作信手拈來，不外敘寫著：「哲學（Philosophy）是愛智之學（Love of Wisdom）。」希臘字 Philein 有熱愛（To love）之意；希臘字 Sophia 有智慧（Wisdom）之意，亦即，哲學就是熱愛智慧之學。無怪乎許多女生的英文名字取為「蘇菲亞」（Sophia），真是有智慧的女人啊！

哲學是思辨之學（Speculation）、哲學是科學的科學（Science of Sciences）、哲學是分析之學（Analysis）、哲學就是哲學史（History of Philosophy）、哲學是處方（Prescription）。其實，哲學如奧德賽斯（Odysseus）式的漫長探索追尋的旅程，始於日常生活的好奇與疑問，提出質疑後，常常會陷入懷疑（看山不是山），繼續持續下去會突然頓悟（見山還是山），生成批判的觀點立場。但是，哲學的宗旨最終還是要回歸與面對日常生活，「重新認識一切」。我們應該時時回顧檢視持有的初始信念，重新再認識這些信念；如果我們初始的信念失焦了，那麼我們必須調整追尋更好的信念，只要我們返歸原點，都能充滿意義

（Scott Samuelson, 2016），似「反璞歸眞」地回復到原始質樸本眞的狀態。

二、哲學是日常生活的理性思維

哲學思維有時並非是《哈姆雷特》（*Hamlet*）著名的讀白 "TO BE OR NOT TO BE"，現實生活中，經常如一隻被貓追捕的松鼠，在生死一瞬間，內心的瞬間反應：要死在貓爪子之下呢？還是縱身一躍上到樹頭，換取活命的機會，這是要思考的問題（Samuelson, Scott, 2015）。

三、哲學是生活的必要條件

人只有出生那天是生日，之後就是不斷的向上與向善提升自己。因爲人生充滿貪、嗔、痴的執著，人生不易圓滿，可從哲學中獲得奧援與慰藉，如果生活無法盡如人意，我們便不免追問人生的意義何在？如果情況眞是如此，那麼我們確實「需要」哲學來提升自己。

四、哲學是永不停止探索

我們不應該停止探索，一切探索的終點，終將回到最初的起點，重新認識一切（Eliot, T. S., 1968），就像心跳與呼吸永不得停。

參考文獻

Friedrich Wilhelm Nietzsche（2020）。**教育家叔本華**〔韋啟昌譯，第一版〕。新雨。（原著出版年：1874）

Noro K. & Vittorio Hösle（2001）。**哲學家的咖啡館：小女孩與教授的哲學書信**〔許舜閔譯，第一版〕。究竟出版社。（原著出版年：1998）

Scott Samuelson（2016）。**在生命最深處遇見哲學**〔黃煜文譯，第一版〕。商周。（原著出版年：2014）

馮靖惠（2018 年 1 月 22 日）。沒標準答案的課：他們把城市當教室。**聯合報**，
　　B3 版。

Eliot, T. S. (1968). *Four Quartets*. Mariner Books.

Samuelson, Scott (2015). *The Deepest Human Life: An Introduction to Philosophy
　　for Everyone*. University of Chicago Press.

國家圖書館出版品預行編目資料

教育哲理：質疑與思辨／謝念慈著. ——初
　版.——臺北市：五南圖書出版股份有限公
　司, 2023.06
　　面；　公分
　ISBN 978-626-366-010-6（平裝）

1.CST: 教育哲學

520.11　　　　　　　　　112004947

4I79

教育哲理：質疑與思辨

作　　　者 — 謝念慈

發 行 人 — 楊榮川

總 經 理 — 楊士清

總 編 輯 — 楊秀麗

副總編輯 — 黃文瓊

責任編輯 — 黃淑真、李敏華

封面設計 — 陳亭瑋

出 版 者 — 五南圖書出版股份有限公司

地　　　址：106臺北市大安區和平東路二段339號4樓

電　　　話：(02)2705-5066　　傳　　　真：(02)2706-6100

網　　　址：https://www.wunan.com.tw

電子郵件：wunan@wunan.com.tw

劃撥帳號：01068953

戶　　　名：五南圖書出版股份有限公司

法律顧問　林勝安律師

出版日期　2023年6月初版一刷

定　　　價　新臺幣450元